D0212184

OXFORD MONOGRAPHS ON MUSIC

Roman Monody, Cantata, and Opera

Volume II

Roman Monody, Cantata, and Opera from the Circles around Cardinal Montalto

Volume II

JOHN WALTER HILL

CLARENDON PRESS · OXFORD
1997

Oxford University Press, Great Clarendon Street, Oxford OX2 6DP

Oxford New York
Athens Auckland Bangkok Bogota Bombay
Buenos Aires Calcutta Cape Town Dar es Salaam
Delhi Florence Hong Kong Istanbul Karachi
Kuala Lumpur Madras Madrid Melbourne
Mexico City Nairobi Paris Singapore
Taipei Tokyo Toronto Warsaw
and associated companies in
Berlin Ibadan

Oxford is a trade mark of Oxford University Press

Published in the United States
by Oxford University Press Inc., New York

This publication has been supported by a subvention from the American Musicological Society

British Library Cataloguing in Publication Data
Data available

Library of Congress Cataloging-in-Publication Data
Hill, John Walter, 1942–
Roman monody, cantata, and opera from the circles around Cardinal Montalto / John Walter Hill.
p. cm. — (Oxford monographs on music)
Includes bibliographical references and indexes.
1. Vocal music—Italy—Rome—17th century—History and criticism. 2. Vocal music—Italy—Rome—17th century. 3. Montalto, Cardinal, 1571–1623. I. Title. II. Series.
ML1733.8.R6H55 1997 782'.00945'63209032—dc21 97–2394

ISBN 0–19–816613–3 (2 vols)

1 3 5 7 9 10 8 6 4 2

Typeset by Graphicraft Typesetters Ltd., Hong Kong
Printed in Great Britain
on acid-free paper by
Bookcraft Ltd., Midsomer Norton, Somerset

CONTENTS

Editorial Principles xi

MUSIC

I:Vc, Torrefranca 250

1. *Ama pur ninfa gradita* (Ippolito Macchiavelli) 1
2. *Dolce auretta* (Ippolito Macchiavelli) 5
3. *Occhi meco piangete* (anon.) 9
4. *Questi spirti gentil* (Pellegrino Mutij) 13
4a. *Questi spirti gentil* (alternative version from I:Bc, Q140) (Pellegrino Mutij) 16
5. *Porto celato il mio nobil pensiero* (anon.) 19
6. *Ahi dispietato Amor come consenti* (anon.) 22
7. *Venuto è pur quel lagrimabil giorno* (Ippolito Macchiavelli) 25
8. *Somiglia foglia a cui fa guerra il vento* (anon.) 31
9. *Solingo augello che piangendo vai* (Ippolito Macchiavelli) 36
10. *Amorosa Licori* (Giuseppino Cenci) 40
11. *Quando il ciel vago s'infiora* (Ippolito Macchiavelli) 48
12. *Dhe Filli vita mia se mai ti punsero* (Ippolito Macchiavelli) 51
13. *Perché non togli o Clori* (Giuseppino Cenci) 56
14. *In che misero punto hor qui mi mena* (Ottavio Catalani) 61
15. *Io che l'età solea viver nel fango* (Giuseppino Cenci) 66
16. *Dolcissime pupille ond'io mi vivo* (anon.) 69
17. *Anima bella che nel sen ten stai* (Giuseppino Cenci) 71
18. *Occhi belli occhi rei* (anon.) 74
19. *Dunque Clorida mia per questi prati* (Giuseppino Cenci) 81
20. *Lasciatemi morire* (Claudio Monteverdi) 85
21. *Dove, dove ten fuggi anima bella* (Cesare Marotta) 91
22. *O durezze amarissime d'amore* (Cesare Marotta) 94
23. *Suavissimi lumi al cui splendore* (Cesare Marotta) 97
23a. *Suavissimi lumi al cui splendore* (Cesare Marotta) 100
24. *Vita della mia vita egl'è pur vero* (Ippolito Macchiavelli) 103
25. *Io pur deggio partire* (Ippolito Macchiavelli) 106
26. *Io piango tu non torni il duol non sciema* (anon.) 109
27. *Io vorrei pur morir così mi preme* (anon.) 111

28. *Dunque da me ten fuggi ho mio tesoro* (anon.) 112
29. *Alma afflitta che fai* (anon.) 113
30. *Temer donna non dei* (anon.) 115
30a. *Temer donna non dei* (anon.) 117
31. *O quanto sei gentile* (anon.) 120
32. *Donna per acquetar vostro desire* (anon.) 122
33. *Deh dolc'anima mia* (Giuseppino Cenci) 124
34. *Amiam Fillide amiam ah non rispondi* (anon.) 125
35. *Quel augellin che canta* (anon.) 128
36. *Dolcissimo usignolo* (anon.) 130
37. *O Filli, o Filli queste voci estreme* (anon.) 132
38. *Tu torni anima mia* (anon.) 134
39. *Doppo un lungo sospiro* (anon.) 137
40. *Se 'n così grav' e dolorosi accenti* (Abundio Antonelli) 138
41. *Ch'io t'ami et ami più della mia vita* (Raffaello Rontani) 141
42. *Son questi miei sospir messaggi ardenti* (anon.) 143
43. *Non credete ch'io v'ami ahi lasso e ch'io* (Raffaello Rontani) 145
44. *Tu godi il sol ch'agli occhi miei s'asconde* (Raffaello Rontani) 147
45. *O tu che fra le selve occulta vivi* (anon.) 149
46. *Ecco solinga e delle selve amica* (Marco da Gagliano) 151
47. *O dell'ombrosa notte amati orrori* (Cesare Marotta) 153
47a. *O dell'ombrosa notte amati orrori* (Cesare Marotta) 156
48. *Che più giova mirar occh'infelici* (Cesare Marotta) 159

Additional Works in I:Bc, CC.225

49. *Leggiadri occhi sereni* (Giuseppino Cenci) 161
50. *Occhi stelle fatali* (anon.) 164
51. *Occhi piangete* (anon.) 166
52. *Voi partite sdegniose* (Raffaello Rontani) 167
53. *Dhe mirate luci ingrate* (anon.) 168
54. *D'una guancia alma e ridente* (anon.) 169
55. *Ho pur d'or il crin anc'io* (anon.) 170
56. *Questa bell'Amor* (anon.) 171
57. *Mie speranze lusinghiere* (anon.) 173
58. *Arsi et ardo per voi ma nel ardore* (anon.) 174
59. *Felic'era il mio core* (anon.) 175
60. *Dhe vieni Clori* (anon.) 176
61. *Aure placide volanti* (anon.) 177
62. *Care treccie aura stami* (anon.) 178
63. *Falsi sospiri* (anon.) 179

64. *Se pietad'in voi non trovasi* (anon.) 180
65. *Bella Clori non fuggire* (anon.) 181
66. *S'alcun vi giura cortes'amante* (anon.) 182
67. *Ferma, ferma non percotere* (anon.) 183
68. *Amar donna superba* (anon.) 184
69. *O di raggi e di fiammelle* (anon.) 185
70. *Deh girate* (anon.) 186
71. *Chi d'Amor piang'e sospira* (anon.) 187
72. *Rompa lo sdegno le dure catene* (anon.) 188
72a. *Rompa lo sdegno le dure catene* (alternative version from *Concerti amorosi*, 1623) (anon.) 189
73. *Voi mi dite ch'io non v'ami* (anon.) 190
74. *Ove ne vai pastor cosi doglioso* (anon.) 191
75. *Io son che trovasi* (anon.) 192
76. *Più non sento del tuo dardo* (anon.) 193
77. *Bella e vaga Filli vezzosa* (anon.) 194

Additional Works in I:Baf, MS 1424

78. *A sì duri lamenti* (anon.) 196
78a. *A sì duri lamenti* (alternative version from I:Bc, Q140) (anon.) 199
79. *Voi pur mi promettesti occhi sereni* (anon.) 200
80. *Ben fuggirsi vedran la nev'e 'l gielo* (anon.) 203
81. *Questa ch'el cor misura* (Stefano Landi) 206
82. *Felice che discior tra fiamme ardenti* (Stefano Landi) 209
83. *Può ben fortuna far ch'io m'allontani* (Cesare Marotta) 212
84. *Se 'l dolce sguardo di costei m'ancide* (Giuseppino Cenci) 215

Additional Works in I:Ru, MS 279

85. *Udite Amanti udite* (anon.) 218
86. *Tu parti anima mia* (anon.) 228
87. *Infelice colui che s'innamora* (anon.) 234
88. *Chi vuol veder il sole* (Giovanni Domenico Puliaschi) 237
89. *Tu dormi e 'l dolce sonno* (Cesare Marotta or Jacopo Peri?) 240
90. *Amor io ben sapea* (Stefano Landi) 245
91. *Dhe mira egli cantò spuntar la rosa* (Giovanni Bernardino Nanino) 248
92. *Pascomi di sospir languendo e debile* (Francesca Caccini) 251
93. *Io v'amo anima mia* (Stefano Landi) 257
94. *Questa bella guerriera* (Stefano Landi) 260
95. *Superbo te ne vai legno fugace* (Stefano Landi) 269
96. *Se non è cosa in terra* (Stefano Landi) 275

Additional Works in US:PHu, MS Ital. 57

97. *Care lagrime mie* (anon.) 278
98. *Pace non trovo, e non ho da far guerra* (anon.) 279
99. *Pargoletta vezzosa e ridente* (anon.) 283
100. *Se non hai di ferro il core* (anon.) 287
100a. *Se non hai di ferro il core* (alternative version from *Concerti amorosi*, 1623) (anon.) 291
101. *Ahi com'a un vago sol cortese giro* (Giuseppino Cenci) 293
102. *Crud'Amarilli, che col nom'ancora* (anon.) 296
103. *Vorrei baciarti, o Filli* (anon.) 298
104. *Ecco che pur al fine* (anon.) 300
104a. *Ecco che pur al fine* (alternative version from I:Bc, Q140) (anon.) 301
105. *Amarilli crudel, e ria* (anon.) 302
106. *Tempo ben fu* (anon.) 304
107. *Vaga e lucente* (anon.) 305
107a. *Vaga e lucente* (alternative version from I:Bc, Q140) (anon.) 306
108. *O voi ch'intorno al lagrimoso canto* (anon.) 307
109. *O leggiadri occhi belli, occhi miei cari* (anon.) 310
110. *Ecco Lidia mia bella* (anon.) 313
110a. *Ecco Lidia mia bella* (alternative version from *Concerti amorosi*, 1623) (anon.) 316
111. *Questa piaga mi sia sempre nel core* (anon.) 318
112. *Più non amo più non ardo* (anon.) 320
113. *La mia Filli crudel spesso mi fugge* (anon.) 322

Additional Works in I:MOe, Mus. E 318

114. *Lilla, Lilla giovineta* (anon.) 324
115. *O dolcissimi sguardi* (anon.) 326
116. *Pastorella che sì bella* (anon.) 329
117. *In qual parte del mondo havrò ricetto* (anon.) 330
118. *Questa tener angioletta* (Ippolito Macchiavelli or Orazio Michi) 331

Additional Works in I:Bc, Q140

119. *Altro non è 'l mio cor* (anon.) 334
120. *Lasso perché mi fuggi* (anon.) 335
121. *Ben è ver ch'ei pargoleggia* (anon.) 336
122. *La gloria di colui, che 'l tutto muove* (Giovanni Domenico Puliaschi) 337
123. *Vidi ondegiar questi infecondi campi* (anon.) 340
124. *Con un dolent'oimè* (anon.) 343
125. *Ecco la luce* (anon.) 344
126. *Perché mi fuggi* (anon.) 345

127. *Vezzosett'e bella Clori* (anon.) 346
128. *La mia Clori vezzosa* (anon.) 347
129. *Da queste selve, e questi alpestri monti* (anon.) 349
130. *La furiera de' bei lampi* (anon.) 350
131. *Perché sei bella* (anon.) 354
132. *Gioite meco* (anon.) 355
133. *Quella bell'amor che sospirar mi fa* (anon.) 356
134. *Arsi un temp'e l'ardore* (anon.) 357
135. *Destar potess'io pur in quel bel seno* (anon.) 358
136. *Giovinetta vezzosa* (anon.) 361
137. *Ecco Silvio colei che 'n odio tanto* (anon.) 362
138. *Per te mi struggo sol, sol per te moro* (anon.) 365
139. *Dovrò dunque morire* (Giulio Caccini) 368
140. *Fuggon i giorni* (anon.) 369
141. *Dhe scoprite colorite* (anon.) 370
142. *Aure belle aure vezzose* (anon.) 371
143. *Ecco la primavera* (anon.) 372
144. *Filli gentile perché fug'ogn'hora* (Filippo Piccinini) 374
145. *Bona sera mastro Taddeo* (anon.) 375
146. *Splendete sereni* (anon.) 376
147. *Più non amo più non ardo* (Giuseppino Cenci?) 377

Additional Work by Ippolito Macchiavelli

148. *Fuggi fuggi dolente mio core* 378

Additional Works by Giovanni Bernardino Nanino

149. *O cor sempre dolente* 380
150. *Disse costei e gl'occhi su le gote* 383
151. *Per cercar terra ignota e pelegrina* 385

Additional Works by Giuseppino Cenci

152. *Se perché a voi mi tolga e più non v'ami* 388
153. *Occhi un tempo mia vita* 391
154. *Occhi ch'alla mia vita* 392
155. *Vita della mia vita egl'è pur vero* 394
156. *Fuggi, fuggi da questo cielo* 396

Additional Works by Pellegrino Mutij

157. *Mentre che Febo con suoi raggi d'oro* 397
158. *Ite dolenti miei sospiri* 401
159. *Mille scherzi, e canti belli* 402

160. *Vaghi rai de cigli ardenti* 405
161. *La mia Clori vezzosa* 407

Additional Works by Orazio Michi

162. *Su l'oriente* 414
163. *Empio cor, core ingrato* 416
164. *Perdan quest'occhi il sole* 419

Giovanni Bernardino Nanino's Examples in his *Regole di Contrappunto*

165. *In asenso di grado* 423
166. *In asenso di grado* 424
167. *Desenso di grado* 425
168. *Desenso di grado* 426
169. *Asenso di 3.a et discenso di 4.a* 427
170. *Asenso di 3.a, e descenso di 4.a* 428
171. *Desenso di 3.a, et asenso di 4.a* 429
172. *Desenso di 3.a, et asenso di 4.a* 430
173. *Asenso di 4.a e desenso di 5.a* 431
174. *Asenso di 4.a, et desenso di 5.a* 432
175. *Disenso di 4.a, et asenso di 5.a* 433
176. *Desenso di 4.a, et asenso di 5.a* 434
177. *Asenso di 6.a, et desenso di 5.a* 435
178. *Desenso di 6.a, et asenso di 5.a* 436
179. *Asenso, et desenso di 8.a* 437
180. *Desenso, et asenso di 8.a* 438
181. *Trattenimenti* 439
182. *Trattenimenti* 440
183. *Trattenimenti* 441
184. *Asenso di grado* and *Desenso di grado* 442
185. *Asenso di 3.a, et desenso di 4.a* and *Desenso di 3.a, et asenso di 4.a* 443
186. *Asenso di 4.a, et desenso di 5.a* and *Desenso di 4.a, et asenso di 5.a* 444
187. *Asenso di 6.a, et desenso di 5.a* and *Desenso di 6.a, et asenso di 5.a* 445
188. *Asenso, et desenso di 8.a* and *Desenso, et asenso di 8.a* 446
189. *Trattenimenti* 447
190. *Trattenimenti* 448
191. *Trattenimenti* 449

Index of Composers 451
Index of Compositions 454

EDITORIAL PRINCIPLES

THE music in this volume is intended to serve the same purpose as the text in the first volume: to inform the reader about Roman monody, cantata, and opera from the circles around Cardinal Montalto. These editions of musical works could, of course, be used for the preparation of performances, but nothing has been added that would aid in that preparation, for example, realization of the continuo, embellishment of the vocal line in strophic pieces, or indication of such details of vocal performance as *trillo*, *esclamazione*, *scemar della voce*, etc.

In general, each item in this volume follows the reading of the source identified in its heading. When a significantly different version exists in another of the principal Montalto sources (those described in Ch. 5 and App. B), that version is given separately. Obvious errors in music and poetic text have been corrected without notice. In the manuscript I:Vc, Torrefranca 250, the full poetic text was written at the beginning of each work. In some cases it has been necessary to rely on that text. In other cases, additional sources of the text, musical and purely poetic, have been consulted. But the text as laid under the music in the identified principal source has been given precedence in cases of conflict, where possible. Text repetition indicated by sign in the source has been expanded without special typographical differentiation. Likewise, abbreviations have been expanded without notice. Capitalization and accents have been modernized but not spelling or punctuation. The composer's name in the heading of each work is given as in the source, but without title, such as *signor*, *don*, *cavalier*, etc. Italics are used where the composer's name has been expanded editorially. Generic designations such as romanesca, madrigale, or sonetto as well as topical references to the poetic text, such as 'Un amante parla all'amata', which are found occasionally in the sources, have not been retained in this edition. This is because normalized generic designations are given in Appendix B, and the topical references, which occur only in printed sources, appear to have been the invention of seventeenth-century editors.

With the exception of the examples in Nanino's treatise, only two clefs were used for the vocal parts in the sources. The original soprano clef has been transcribed as treble clef, and the original tenor clef has been transcribed as octave treble clef. The occasional use of tenor clef in continuo parts will not be noted here.

Metre, mensuration, and proportion signs have been transcribed as found in the principal source identified, except that proportion sign **3** has been interpreted according to the context, most often as 3/2. Note values have been preserved as in the source, without reduction. Barlines, likewise, are given as in the source where possible; where absent or very infrequent, they have been added according to the tactus. Slur marks given in the source have been retained in the edition; editorial slurs are identified by a slash. Continuo figures are given as in the source. Necessary accidentals not notated in the source have been added above the affected notes. When flat or sharp signs are used in the source to cancel their opposites, natural signs are used in this edition.

1. Ama pur ninfa gradita

Ippolito *Macchiavelli*

I:Vc, Torrefranca 250, fos. 1-4

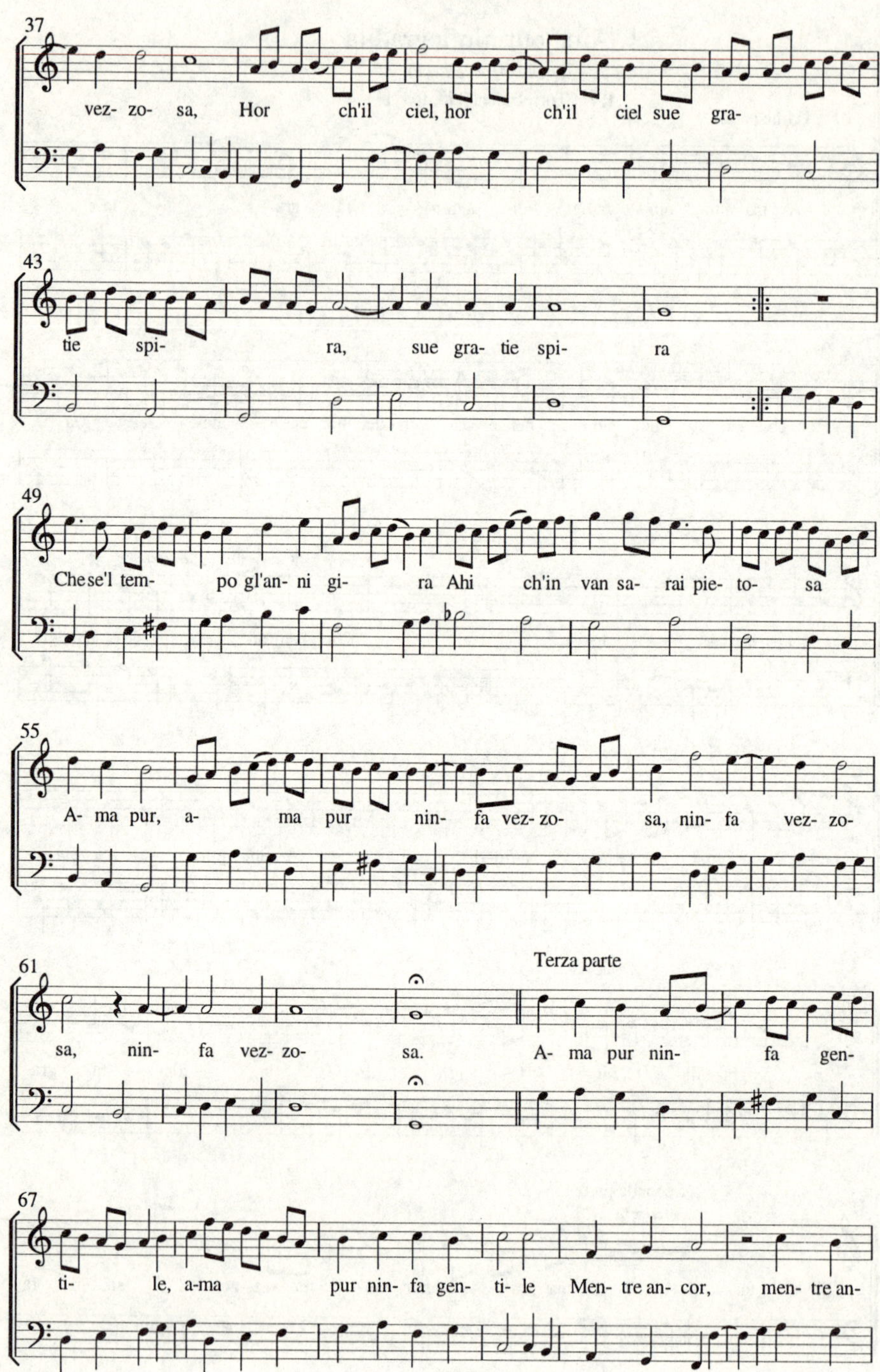
37
vez- zo- sa, Hor ch'il ciel, hor ch'il ciel sue gra-
43
tie spi- ra, sue gra- tie spi- ra
49
Che se'l tem- po gl'an- ni gi- ra Ahi ch'in van sa- rai pie- to- sa
55
A- ma pur, a- ma pur nin- fa vez- zo- sa, nin- fa vez- zo-
61
Terza parte
sa, nin- fa vez- zo- sa. A- ma pur nin- fa gen-
67
ti- le, a-ma pur nin- fa gen- ti- le Men- tre an- cor, men- tre an-

73
cor par- go- let- ta sei, par- go- let- ta
79
sei Quel bel fior che si di- le- ta Al ma- tin la
85
se- ra è vi- le A- ma pur, a- ma pur nin- fa gen- ti- le,
91
a- ma pur nin- fa gen- ti- le, nin- fa gen- ti- le.
97
Quarta parte
A- ma pur mia nin- fa al- te- ra, mia nin- fa al- te- ra,
103
Hor che sei, hor che sei, che sei sul bel gio- i- re,

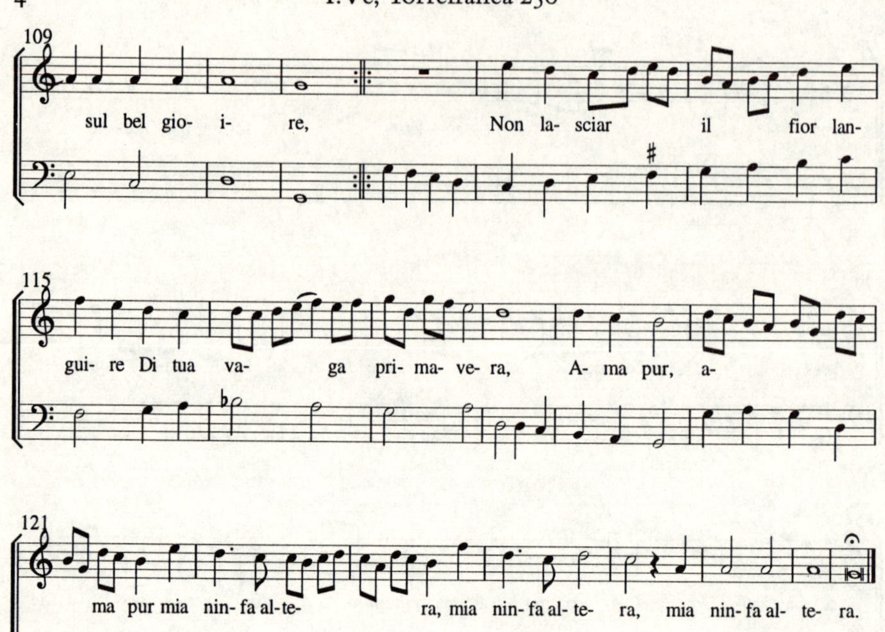
109
sul bel gio- i- re, Non la- sciar il fior lan-
115
gui- re Di tua va- ga pri- ma- ve- ra, A- ma pur, a-

121

ma pur mia nin- fa al- te- ra, mia nin- fa al- te- ra, mia nin- fa al- te- ra.

2. Dolce auretta

Ippolito *Macchiavelli*

I:Vc, Torrefranca 250, 4'-8'

Prima parte

Dol- ce au- ret- ta Ch'al her- bet- ta So- spi- ran- do vai

6 nel se- no, so- spi- ran- do vai nel se-

4 ♯

11 no Se que- st'ho- ra che l'au-ro-

16 ra Fregia d'o- ro il ciel se- re- no, fre- gia

21 d'o- ro il ciel se- re- no.

Seconda parte

Mes- sag- gie- ra

27 Và leg- gie- ra Mor- mo- ran- do ec- co ec- co l'al-

31
ba, mor- mo- ran- do ec- co ec- co l'al- ba
4♯
36
El- la in- tan- to Dal bel man- to Gi- gli
41
ver-sa e 'l gior-n'i- nal- ba, e 'l gior- no in al- ba, e 'l gior-n'i-
46
Terza parte
nal- ba. So- spi- ran- do La- gri-
51
man- do Ec- co Clo- ri al- l'or di- co i- o,
56
ec- co Clo- ri al- l'or di- co i- o El-
4 ♯

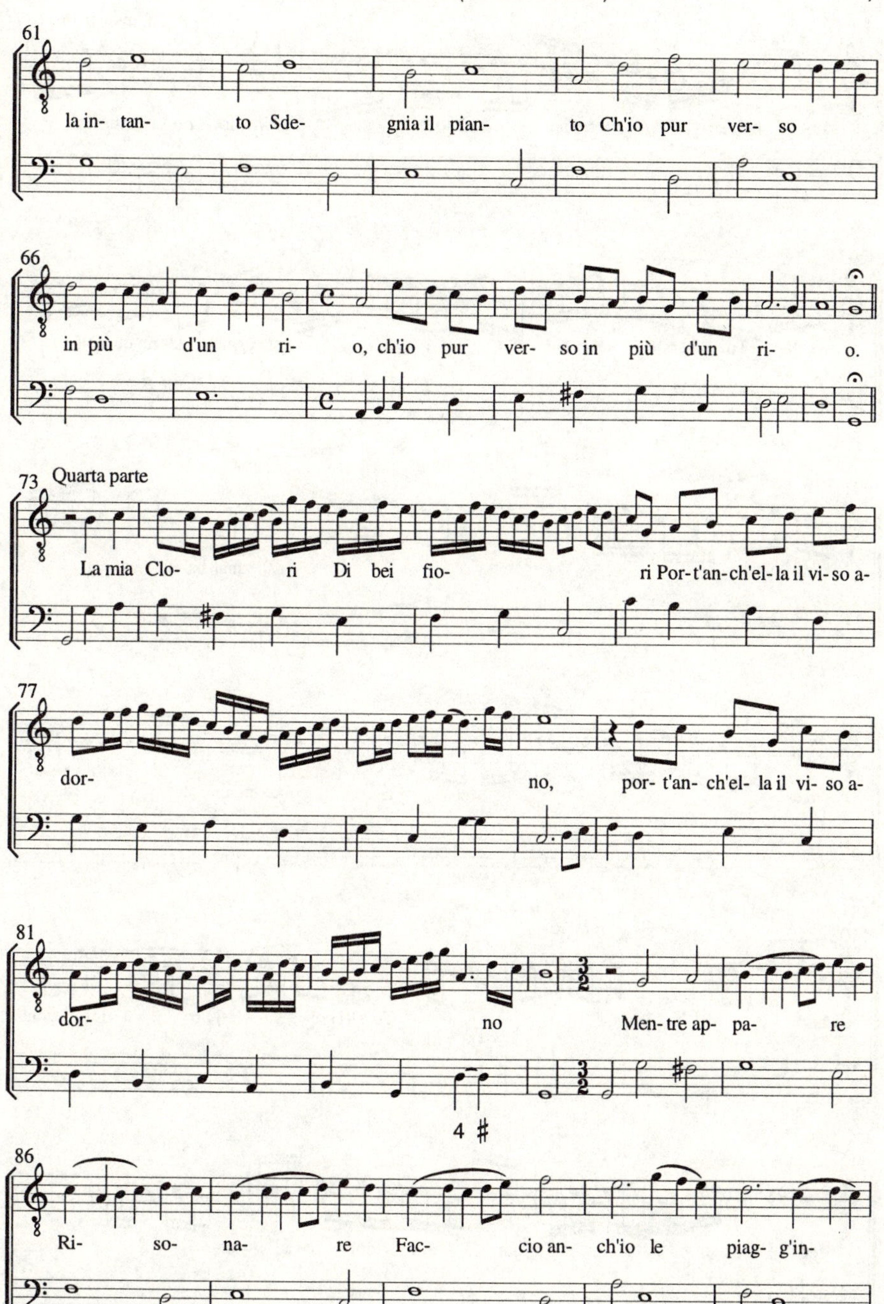
61
la in- tan- to Sde- gnia il pian- to Ch'io pur ver- so
66
in più d'un ri- o, ch'io pur ver- so in più d'un ri- o.
73 Quarta parte
La mia Clo- ri Di bei fio- ri Por-t'an-ch'el-la il vi-so a-
77
dor- no, por- t'an- ch'el- la il vi- so a-
81
dor- no Men- tre ap- pa- re
4 ♯
86
Ri- so- na- re Fac- cio an- ch'io le piag- g'in-

Quinta parte
tor- no, fac- cio an- ch'io le piag- ge in- tor- no. Ahi s'in-
vo- la To- sto vo- la Qual ba- le- no qual sa-
et- ta, qual ba- le- no qual
sa- et- ta Que-sti ac-cen- ti
Miei do- len- ti Tu a lei por- gi o dol- ce au-
ret- ta, tu a lei por- gi o dol- ce au- ret- ta.

3. Occhi meco piangete

Anon.

I:Vc, Torrefranca 250, 9-10'

Prima parte
Oc- chi me- co pian- ge- te A- ma- ris- si- mo è 'l ca-
6
so e gra- ve il dan- no Per voi che non ve- de- te Più la ca-
12
gion del vo-stro af-fan-
15
no Eu- ril- la il vo- stro ben la vo- stra vi- ta Fat- to ha
21
par- ti- ta e noi
26
qui la- sci in pian- ti Pian- ge- te o nin-

31
Seconda parte
fe e so- spi- ra- te a- man- ti. Mi-ra- te oc- chi mi-
36
ra- te Nu- de le piag- gie e si di- ser- ti i li- di Che for-
6 6 6
41
man per pie- ta - de
46
E le fe- re e gl'au- gei la- men- ti e stri- di U- di- te co-me in su quei
51
sec- chi ra- mi Pro- gnie la chia- mi in do- lo- ro-si ac- cen-
56
ti Pian- ge- te o fon- ti e so- spi- ra- te o ven-
61
Terza parte
ti. Chiu- de- te oc- chi chiu-

66
de-
te
70
Per mai più non mi- rar vo- stre pu- pil- le Poi che poi che
76
più non go- dre- te Fe- li- cis- si- mi gior- ni ho- re tran- quil-
81
le Quel oc- ca- so ad al- trui fat- to è o- ri- en-
86
te O- ve re- pen- te
91
il vo- stro sol s'a- scon- de, il vo- stro sol s'a- scon- de
96
Pian- ge- te sas- si e so- spi- ra- te o fron- de.

101 Quarta parte
Oc- chi dun- que ver- sa- te Del- l'al- ma il san- gue per que- st'on- de a- ma- re
106
Et al- l'au- ra spie- ga- te Il
111
vo- stro duol che fa pie- to- so il ma- re Si che a lei por- t'il
116
ven- to Vo- stro la- men- to e 'n co- sì cru- de pe- ne
122
Pian- ge- te o sco- gli e so- spi- ra-te a- re- ne.

4. Questi spirti gentil

Pellegrino Mutij

Amor pudico (Rome, 1614), hora quarta

I:Vc, Torrefranca 250, 11-12'

Prima parte
Que- sti spir- ti gen- til di te ra- gio- na- no I
6
tuoi spie- gan- d'o- gn'hor preg- g'am- mi- ra- bi- li On-
10
d'i su- per- bi col- li og- gi ri- so- na- no, on- d'i su- per- bi
15
col- li og- gi ri- so- na- no.
Seconda parte
Non
20
son le gra- zie tue fu- ga- ci e la- bi- li Ne
25
per vo- lar de- gl'an- ni il tem- po ce- do- no Poi che splen- don' in

30
te vir- tù du- ra- bi- li, poi che splen- don' in te
35
Terza parte
vir- tù du- ra- bi- li. Stra- le d'in- vi- d'a-
40
mor t'un - qua non fie- do- no La bel- lez- za del-
45
l'al- ma in te ri- mi- ra- si Gra- tie ch'a som- mi Dei las-
50
sù pos- sie- do- no, gra- tie ch'a som- mi Dei las-
55
Quarta parte
sù pos- sie- do- no. Per te Don- na Re- al al

60
ciel a- spi- ra- si E gli af- fet- ti ter- re- ni al
65
tut- to man- ca- no E del tuo sol ch'a noi be-ni- gnio gi- ra-
70
si I ci- gni di can- tar mai non si stan- co-
75
no, i ci- gni di can- tar
78
mai non si stan- co- no.

4a. Questi spirti gentil

Pellegrino Mutij

Amor pudico (Rome, 1614), hora quarta

I:Bc, Q140, 1-3

Prima parte
Que- sti spir- ti gen- til di te ra- gio- na- no I
6
tuoi spie- gan- d'o- gn'hor preg- g'am- mi- ra- bi- li On-
10
d'i su- per- bi col- li og- gi ri- so- na- no, on- d'i su- per- bi
15
col- li og- gi ri- so- na- no.
Seconda parte
Non
20
son le gra- zie tue fu- ga- ci e la- bi- li Ne
25
per lar de- gl'an- ni il tem- po ce- do- no Poi che splen- don' in

tr
te vir- tù du- ra- bi- li, poi che splen- don' in te
vir- tù du- ra- bi- li.
Terza parte
Stra- le d'in - vi - d'a -
mor t'un - qua non fie- do- no
La bel- lez- za del-
l'al- ma in te ri - mi- ra- si Gra- tie ch'a som- mi Dei las -
sù pos- sie- do- no, gra- tie ch'a som- mi Dei las-
su pos- sie- do- no.
Quarta parte
Per te Don- na Re- al al

60
ciel a- spi- ra- si E gli af- fet- ti ter- re- ni al
65
tut- to man- ca- no E del tuo sol ch'a noi be-ni- gnio gi- ra-
70
si I ci- gni di can- tar mai non si stan- co-
75
no, i ci- gni di can- tar
78
mai non si stan- co- no.

5. Porto celato il mio nobil pensiero

Anon.

I:Vc, Torrefranca 250, 13-14'

Prima parte
Por- to ce- la- to il mio no- bil pen- sie- ro Den-
8
tr'al mio pet- to ne sco- prir pos- s'i- o L'al- ta ca- gion
16
ohi- mè del do- lor mi- o, l'al- ta ca- gion ohi- me del
23
Seconda parte
do- lor mi- o. Nu- dri- sco il me- sto cor sol
29
di so- spi- ri Ne veg- gio o- ve le- var- mi
34
pos- si'ho- ma- i Da tan- ti a- cer- bi e

40
do- lo- ro- si gua- i, da tan- ti a- cer- bi e
46
Terza parte
do- lo- ro- si gua- i. Già mai l'al- ma so- spi-
51
ra o tro- va pa- ce E
56
si ri- do tal hor per gl'oc- chi fuo- re Con- ver- s'in
63
pian- to lan- gue il mi- ser co- re, con- ver- s'in pian- to
70
Quarta parte
lan- gue il mi- ser co- re. Co- sì per ben a- mar
76
por- to tor- men- to Ven- go in o- dio a me stes-

82
so a mil-
le a
mil-
le
Sen-
to dop-
piar
nel cor,
87
nel
cor,
vi-
ve fa-
vil-
le,
sen-
to
dop-
piar
nel
93
cor,
nel
cor,
vi-
ve
fa-
vil-
le,
sen-
to
dop-
piar
98
nel cor
vi-
ve
fa-
vil-
le.

6. Ahi dispietato Amor come consenti

Anon.

I:Vc, Torrefranca 250, 15-16'
Prima parte
Ahi di- spie- ta- to A- mor co- me con- sen- ti
Ch'io me- ni vi- ta si do- glio- sa e ri- a
Seconda parte
Sol- can- d'un em- pio mar d'a- spri tor- men- ti
tr
Per co- sì lun- ga e pe- ri- glio- sa, e pe- ri- glio- sa vi- a.
Terza parte
Dhe per- ché fia- to de be- ni- gni ven- ti
Non so-spin- ge la stan- ca na-

37
Quarta parte
ve mi- a
Sì che dop- po un cam- min sì
43
tr
lun- go e tor- to
Pos- sa chiu- der la
48
ve- la in que- sto por- to.
53
Quinta parte
Ma di che deb- bo la- men- tar- mi ahi las- sa
59
tr
For che del mio de- stin ir- ra- tio- na- le
65
Sesta parte
Ch'al- to mi le- va e sì nel a-

70
tr
ria pas- sa Che giun- ge in par- te o- ve s'ab- brug-
76
[Settima parte]
gia l'a- le. E non po- ten-
81
do so- ste- ner- mi hai las- sa Dal ciel ca-
87
[Ottava parte]
der né qui fi- ni- scie il ma- le Che le
93
ri- met- te e di nuo-v'ar- d'on- d'io
98
Non ho mai fi- ne al pre- ci- pi- tio mi- o.

7. Venuto è pur quel lagrimabil giorno

Ippolito *Macchiavelli*

I:Vc, Torrefranca 250, 17-21

37
pe- no- so ma- le, con- so- la- tor del
43
mio pe- no- so ma-
47
Terza parte
le Ahi quan- te vol-
52
te al dol- ce lu- me in- tor- no
57
M'ag- gi- re- rò nel mio do- lor, nel mio do- lor, nel mio do- lor, nel mio do-
62
lor fa- ta- le, m'ag- gi- rò
67
nel mio do- lor

70
Quarta parte
mor- ta- le E con - so - lar vo -
76
tr
len- do il mio par- ti- re Dop- pie-
82
rò sul mo- rir l'a- spro mar-
87
ti- re, dop-pie- rò sul mo -
92
rir l'a- spro mar - ti- re
97
Quinta parte
Mi- se- ro, mi- se- ro sa- rà pur che
102
gl'oc- chi mie- i De- l'a- ma- ta

107
bel- lez- za hog- gi sien pri-
112
vi, de- l'a- ma- ta bel- lez- za hog-
117
gi sien pri- vi
Sesta parte
Sa-rà
122
pur che gl'af- fan- ni
126
e dol- c'e re- i ne- l'a- ma- ra par- ti-
132
ta io pur rav- vi- vi,
137
ne- l'a- ma- ra par- ti- ta io pur rav-

142
Settima parte
vi- vi Sa- rà pur ver,
147
sa- rà pur ver ch'io per- de- rò co- le-
152
i Per cui do- len- t'il cor
157
di gio- ia vi- vi, per cui do-
163
len- t'il cor di gio- ia
167
Ottava parte
vi- vi Pri- ma che per- der
172
lei me- glio a me fi- a

177
Per- der con que- sto sol l'a-
182
ni- ma mi- a, per- der
187
con que- sto sol l'a-
190
ni- ma mi- a.

8. Somiglia foglia a cui fa guerra il vento

Anon.

I:Vc, Torrefranca 250, 21'-25

[Prima parte]
So- mi- glia fo- glia a cui fa guer- ra il ven-
6
to O fra- gil le- gnio in mez- z'al mar suo-
tr
nan- te La don- na mia ch'in va- rie par- ti
e tan- te E si gi- ra e si
vol- ge in un mo- men- to, la don- na
tr
mia ch'in va- rie par- ti e tan-

27
te
e
si gi-
ra e si
31
[Seconda parte]
vol-
ge in
un mo-
men-
to.
Hor
36
mi- ni- stra di gio-
ia hor
40
di tor- men-
to
Hor in- cer- ta ne-
mi- ca
hor
dub-bia
3 4
3 2
45
tr
a-
man- te
In a- mar va-
49
ria in va- ri-
ar
con-
stan-
te
4
#

53
L'a- ni- mo ha va-
56
rio a va- rij fi- ni in- ten- to, in a- mar va-
tr
61
tr
ria in va- ri- ar
64
con- stan- te l'a- ni- mo ha va-
68
rio a va- rij fi- ni in- ten- to.
72
[Terza parte]
Hor ar- de hor lan- gue e l'ar- dor suo con par-

76
te Pro- di- ga a mil- l'a- man- ti in mil- le ar- do-
81
ri Qua- si rag- gio del sol
85
ch'in rai si par- te,
88
qua- si rag- gio di sol ch'in rai si
92
[Quarta parte]
par- te. Fa d'un al- me mil- l'al- me e in mil- le
97
co- ri Can- gia in

100
fi- da un sol cor ahi con qual ar-
105
te Un a- mor si di- vi- de in tan- ti a-
109
mo- ri,
113
un a- mor si di- vi- de in tan-
117
ti a-
120
mo- ri.

9. Solingo augello che piangendo vai

Ippolito *Macchiavelli*

I:Vc, Torrefranca 250, 25'-29

Prima parte
So- lin- go'au- gel- lo che pian- gen- do va- i La tua per- du-
9
ta e ca- ra com- pa- gni- a Me- co ne vien ch'io
14
pian- go an- co io la mi- a In- sie- me po- trem
6 4 ♯
20
far' i no- stri la- i, me- co ne vien ch'io pian-
27
go an- cho io la mi- a in- sie- me po- trem
♯ 4
33
Seconda parte
fa- r'i no- stri la- i. Ma tu la

38
tua for- s'hog- gi tro- ve- ra- i Io la mia quan- do
43
e tu pur tut- ta vi- a Ti stai nel ver-
47
de io fug- go in- di o- ve si- a Chi mi con- for-
53
ta, chi mi con- for- ta ad al- tro ch'a trar gua- i, ti stai nel ver-
59
de io fug- go in- di o- ve si-
63
a chi mi con- for- ta ad al- tro
67
ch'a trar gua- i.
Terza parte
Pri- vo in tut- to son io

73
d'o- gni mio be- ne E nu- do, e gra- ve, e
78
tr tr tr
so- lo, e pel- le- gri-
83
no Vo mi- su- ran- do i cam- pi e le mie pe- ne, vo
91
mi- su- ran- do i cam- pi e le mie pe- ne.
96
Quarta parte
Gl'oc- chi ba- gna- ti por- to il vi- so chi- no
101
Il cor in do- glia e l'al- ma fuor di spe- ne
106
Ne d'ha- ver cer- co men fe- ro de-

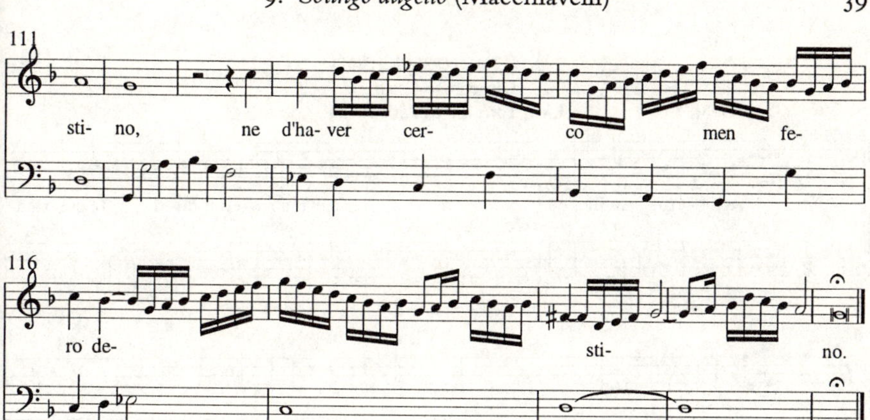
111
sti- no, ne d'ha- ver cer- co men fe-
116
ro de- sti- no.

10. Amorosa Licori

Giuseppino *Cenci*

I:Vc, Torrefranca 250, 29'-34

[Tirsi]
A- mo- ro- sa Li- co- ri Che di no- vel- li fio- ri In que-sti a-
6
me- ni pra- ti Tes- si co- ro- na ai bei ca- pei do- ra- ti Do- v'è
12
Fil- li- de mi- a, do- v'è Fil- li- de mi- a do- ve ri- splen- de Hog- gi quel- la bel-
18
tà ch'o- gni al- ma ac- cen de, do- v'e Fil- li- de mi- a do- v'è
23
Fil- li- de mi- a, do- ve ri- splen- de hog- gi quel- la bel- tà ch'o-
28
[Licori]
gni al- ma ac- cen- de. Tem- pra Tir- si la do- glia ch'a la- gri- mar t'in- vo-

33
glia Che la tua nin- fa hor- ma- i Piu d'o- gni stel- la splen- der qui ve- dra-
39
i Ve- di- l'ap- pun- to e mi- ra co- me vin- to Già ca- de il sol
46
Tirsi
da mag- gior lu- m'e- stin- to. Ad- dio Fil- li ben mi- o.
53
Filli
Tirsi
Filli
Tir- si gen- til ad- di- o. Do- ve ti gui- da A- mo- re? A te dol- ce mio
60
Tirsi
ben ca- ro pa- sto- re. Et io te so- la in que- ste piag-
68
[Filli]
gie a- spet- to O del a- ni- ma mia dol- ce ri- cet- to. Non
76
è co- sa ch'io mi- ri O- ve mi vol- g'e gi- ri Che sen- za te mia

86
vi- ta Non mi cir- con- d'il cor gio- ia in- fi- ni- ta On- de a te
94
cor- ro a- ma- to mio te- so- ro Lu- ce de- gl'oc- chi miei
104
ch'io tan- to a- do- ro, on- de a te cor- ro a- ma- to mio
111
te- so- ro, lu- ce de- gl'oc- chi miei
118
[Tirsi]
ch'io tan- to a- do- ro. Et io Fil- li vez- zo- sa Non veg- gio al
126
mon- do co- sa Che mi por- ga di- let- to Qual hor non mi-
135
ri il tuo leg- gia- dro a- spet- to Et hor ch'a me pie- to- s'A-

142
mor t'in- vi- a Sei ci- bo a que- sto cor al al- ma mi-
152
a, sei ci- bo a que- sto cor al al- ma mi- a.
161 [Licori]
O lie- ti a- man- ti ca- ri, o lie- ti a- man- ti ca- ri Fe- li- ci al
168
mon- do ra- ri Poi che'l ciel vi con- ce- de A tan- t'A- mor e- qual fer- me-
175
z'e fe- de Scio- glie- te hor mai le vo- c'al dol- ce can- to
183
E spie- ga- te d'A- mor le glo- rie il can- to.

188 [Tirsi]
A- mor se nel tuo re- gnio Tan- te le glo- rie son tan- t'i di- let-
[Licori]
A- mor se nel tuo re- gnio Tan- te le glo- rie son tan- t'i di- let-
[Filli]
A- mor se nel tuo re- gnio Tan- te le glo- rie son tan- t'i di- let-
194
ti Ch'o- gn'hor di- spen- si a noi fe- del sog- get- ti
ti Ch'o- gn'hor di- spen- si a noi fe- del sog- get- ti
ti Ch'o- gn'hor di- spen- si a noi fe- del sog- get- ti
199
Qual can- to sa- rà mai sì chia- ro e de-
Qual can- to sa- rà mai sì chia- ro e de-
Qual can- to sa- rà mai sì chia- ro e de-

204
gnio Che del tuo mer- to giun- ger pos- s'il se- gnio T'ap-
gnio Che del tuo mer- to giun- ger pos- s'il se- gnio T'ap-
gnio Che del tuo mer- to giun- ger pos- s'il se- gnio T'ap-
209
pa- ghi dun- q'A- mor ca- ro e gen- ti- le Con pu- ro af- fet-
pa- ghi dun- q'A- mor ca- ro e gen- ti- le Con pu- ro af- fet-
pa- ghi dun- q'A- mor ca- ro e gen- ti- le Con pu- ro af- fet-
214
to hu- mi- le In- tan- to o- gni pa- stor gio- io- so can-
to hu- mi- le In- tan- to o- gni pa- stor gio- io- so can-
to hu- mi- le In- tan- to o- gni pa- stor gio- io- so can-

219
ti Vi- va il re- gnio d'A- mor, vi- va il
ti Vi- va il re- gnio d'A- mor,
ti Vi- va il re- gnio d'A- mor,
223
re- gnio d'A- mor, vi- va il re- gnio d'A- mor vi-
vi- va il re- gnio d'A- mor, vi- va il re- gnio d'A- mor vi-
vi- va il re- gnio d'A- mor vi-
226
1
2
van gl'A- man- ti, in- ti, vi- van
van gl'A- man- ti, in- ti, vi-
gl'A- man- ti, ni- ti,

230
gl'A-
man-
van
gl'A-
man-
vi-
van
gl'A-
233
ti.
ti.
man-
ti.

11. Quando il ciel vago s'infiora

Ippolito *Macchiavelli*

Bradamante gelosa (Ferrara, 1616), Intermedio 3

I:Vc, Torrefranca 250, 34'-37

32
ti- le Del suo A- pri- le, e fas- s'al- te- ra A sua ri- va
37
pri- ma- ve- ra, a sua ri- va pri- ma-
42
ve- ra, pri- ma- ve- ra.
Terza parte
Mi- ra lei pa- stor a-
47
man- te E le san- te sue va- ghez- ze
51
Le va-ghez- ze sin- go- la- ri I suoi rag-
56
gi preg- gi mi- ra E ne pian- ge, e ne so- spi- ra

61
e nepian- ge, e ne so- spi- ra, e ne so- spi-
66
Quarta parte
ra. I so- spir e 'l pian- to
70
vie- ne Ch'el- la tie- ne in se- no a- sco- so. Or- go- glio- s'e rig-
75
gi - d'an - gue. Che del san- gue de- gl'a- man- ti Sol
80
si nu- tre, e sol di pian- ti, sol
84
si nu- tre, e sol di pian- ti, e sol di pian- ti.

12. Dhe Filli vita mia se mai ti punsero

Ippolito *Macchiavelli*

I:Vc, Torrefranca 250, 37'-41

Prima parte

Dhe Fil- li vi- ta mia se mai ti pun- se-

6 ro Stra- li d'al- ta pie- ta- de il cor a- spris- si-

11 mo Se miei vo- ci do- len- ti al cor ti giun- se-

16 ro Di que- sta mi- a ce- tra il suon dol- cis- si- mo Ben

21 che sde- gno- s'i tuoi be- gl'oc- chi vol- ta- mi E per di- let- to in

26 sul mo- rir a- scol- ta- mi, e per di- let- to in

31
Seconda parte
sul mo- rir a- scol- ta mi. Quel Tir- si io
36
son che per bel- tà mi- ra- bi- le Ar-
41
si ne- gl'an- ni te- ne- rel- li e de- bi- li En'eb- be con l'e-
47
tà mia fe- de sta- bi- le E se coi pian-
51
ti e i so- spir cal- di e fle- bi- li Ma se ben vi- vo fo- co il pet- to
56
cin- se- ro Gel- li- da te m'al- l'hor la lin- gua av- vin- se-

61
mi, gel- li- da te m'al- l'hor la lin- gua av- vin- se-
66
Terza parte
mi. Pur nel mio vol- to o- ve pie- tà
71
di- fon- de- si Scor- ge- va gl'oc- chi tuoi che stra-
76
li av- ven- ta- no Che pu- ris- si- ma fe nel se-
81
no ascon- de- si Fra mil- le rei mar- tir che la tor- men- ta-
86
no E tu Fil- li- da mi- a spie- ta- ta e ri- gi- da Fu- sti qual

91
ne- ve o tron- co in al- pe frig- gi- da, fu- sti qual
96
Quarta parte
ne- ve o tron- co in al- pe frig- gi- da. Ahi
101
ch'in un pun- t'A- mor e sde- gnio cre- sco-
105
no Ma per fuo- co di- ver- so i co- ri a- vam- pa- no
111
In te di- let- ti e pe- ne in me s'ac- cre- sco- no Ch'a
116
la roc- ca del cor in- tor- no av- vam- pa- no E gl'oc- ch'ar- cier che

121
tr
con- tr'a me pur gri-do-no L'a-ni-ma che v'al- ber- g'a
126
mor- te sfi- do- no, l'a- ni- ma che v'al- ber- g'a
130
mor- te sfi- do- no.

13. Perché non togli o Clori

Dialogo Amaranta, Clori, Armilla

Giuseppino *Cenci*

I:Vc: Torrefranca 250, 41'-45

45
la- ce E men- tre dol- c'al- let- ta e dol- ce ri- de Cru- del ti- ran- n'uc-
51
Clori
ci- de. Per su- a- ve mo- rir ca- r'è la vi- ta Né so che sia gio- i- re
59
Amaranta
Chi vi- ven- do non sa d'A- mor mo- ri- re. O a- ma- re dol- cez- ze.
68
Clori
Armilla
Dol- cis- si- me a- ma- rez- ze. Ce- di A- ma- ran- ta ce- di ce- di A- ma-
74
Amaranta
ran- ta ce- di Che le glo- rie d'A- mor cie- ca non ve- di. An- cor tu
80
dun- que Ar- mil- la Na- sco- sto hai den- tro al sen d'A- mor fa- vil- la
84
E quel che già sti- mai fe- ro ve- le- no N'ai già tu col- mo il se- no.

90
Armilla
Chi non a- ma A- ma- ran- ta E chi d'A- mor non can- ta Nul- la sa
97
nul- la può nul- la de- si- a An- zi se stes- s'o- bli- a.
Amaranta
A- me- rò dun-
6
104
que e can- te- rò d'A- mo- re, a- me- rò dun- que e can- te- rò d'A- mo-
110
re Tri- on- f'A- mo- re Vi- v'A- mor re- gni A-
re- gni A- mor Vi- v'A- mor re- gni A
Vi- v'A- mor Vi- v'A- mor re- gni A
115
mor tri- on- fi A- mo- re Che vi- ver fa be- a- to Un cor in- na- mo-
mor tri- on- fi A - mo - re Che vi- ver fa be- a- to Un cor in- na- mo-
mor tri- on- fi A- mo- re Che vi- ver fa be- a- to Un cor in- na- mo-

121
ra- to E sem- pre in gen - til co - re
ra- to E sem- pre in gen- til co- re, vi- v'A- mor
ra- to E sem- pre in gen- til co- re vi- v'A-
125
vi- v'A- mor re- gni A- mor tri- on- fi A- mo-
re- gni A- mor vi- v'A- mor tri- on- fi A- mo-
mor re- gni A- mor tri- on- fi A- mo-
128
re vi- v'A- mor re- gni A- mor tri- on- fi A- mo- re
re vi- v'A- mor re- gni A- mor tri- on- fi A- mo- re
re vi- v'A- mor re- gni A- mor tri- on- fi A- mo- re tri- on-
6

133
tri- on-
tri- on-
fi A- mo-
136
1.
2.
fi A - mo- re, che re.
fi A - mo - re, che re.
re, che re.

14. In che misero punto hor qui mi mena

Lamento cantato dalla Sig.a Olimpia Saponara nella comedia dell'Ill.mo Sig.r Cardinal Savelli

Ottavio Catalani

I:Vc: Torrefranca 250, 45'-48

In che mi- se- ro pun- to hor qui mi me- na For- tu- na a che ve- du- ta a-
5
ma- ra e tri- sta Do- po un gran tem- po i' ti ri- tro- vo a pe- na Tan- cre- di ti ri-
9
veg- gio, e non son vi- sta Vi-
13
sta non son da te, ben che pre- sen- te
17
E tro- van- do ti per- do
21
e- ter- na- men- te. Mi- se- ra non cre- dea ch'a- gl'oc- chi

25
mie- i Po- tes- s'in al- cun tem- po es- ser no- io- so Hor cie- ca far- mi vo- len- tier tor-
29
re- i Per non ve- der- ti, e ri- mi- rar non o- so Ohi-
33
tr
mè, de- gl'oc- chi già sì dol- c'e re- i
37
O- v'è la fiam- ma o-
41
v'è bel lu- m'a- sco- so Del- le fio- ri- te
45
guan- cie il bel ver- mi- glio O-

49
tr
viè fug- gi- to o- v'è 'l se- ren del ci-
53
glio? Ma che squa- li- do e o- scu- ro an- cor mi pia- ce
57
A- ni- ma bel- la, se quin- ci en- tro gi- ri S'o- di 'l mio pian- to a le mie vo- glie au-
61
da- ci Per- do- na il fur- to e 'l te- me- ra- rio ar- di- re.
65
Del- le pal- li- de la- bra i fre-
69
di ba- ci Che più cal- di spe-

73
rai vo pur ra- pi- re Per
77
te tor- rò da sua ra- gion e mor-
81
te Ba- cian- do que- ste la- bra e- san-
85
gu'e smor- te Pie- to- sa boc- ca, che so- le- vi pri- ma Con- so- lar il mio duol le tue pa-
89
ro- le Le ci- to sia ch'an- zi la mia par- ti- ta D'al- cun tuo ca- ro ba- cio mi con-
93
so- le E for- s'al- lor, ch'e- ro a cer- car la ar- di- ta

97
Qual da- vi tu, ch'o- ra con- vien ch'in- vo- le Le- ci- to sia
101
ch'o - ra ti strin - ga, e po - i Ver - si lo spir - to mio fra i la - bri tuo - i.

15. Io che l'età solea viver nel fango

Giuseppino *Cenci*

I:Vc, Torrefranca 250, 48'-51

41
glio Ne rot- ta na- ve mai par- ti da
46
sco- glio Sì pen- ti- ta dal mar co- m'io ri-
6
53
man- go, sì pen- ti- ta dal mar
59
Terza parte
co- m'io ri- man- go E poi ch'a
64
mor- tal ri- schio e gi- ta in va- no
70
e sen- za frut- to i ca- ri gior- ni ha
74
spe- si Que- sta mia vi- ta in por- to ho-

81
mai t'ac- col- go, que- sta mia vi- ta in por- to
tr
87
Quarta parte
ho- mai t'ac- col- go Reg- ga- mi per pie- tà
93
tua san- ta ma- no Pa- dre del ciel che poi che a te mi vol-
101
go Tan- to t'a- do- re- ro quan- to t'of- fe- si, tan-
109
to t'a- do- re- rò quan-to t'of-
114
fe- si, tan- to t'a- do-
120
re- rò quan - to t'of - fe - si.

16. Dolcissime pupille ond'io mi vivo

Anon.

I:Vc, Torrefranca 250, 51'-53

43
Terza parte
sto co- re Dol- cis- si- me pu- pil- le a-ma-
49
te gri- da A que- sto af- flit- to sen che las- so er- ran-
55
do Nel o- ce- an d'a- mor lan- gue pe- nan- do, nel
62
o- ce- an d'a- mor lan- gue pe- nan- do
67
Quarta parte
Dol- cis- si- me pu- pil- le io pur v'a- do- ro vol- ge-
74
te a me tran- quil- li ra- i Pu- pil- le del mio cor che tan- to a-
81
ma- i, pu- pil- le del mio cor che tan- to a- ma- i.

17. Anima bella che nel sen ten stai

Giuseppino *Cenci*

Amor pudico (Rome, 1614), Hora quarta

I:Vc, Torrefranca 250, 53'-56

36
di E ri- no- var in te l'al- te- re lo- di Ch'un
42
tem- po a- man- do del mio sol can- ta- i, e ri- no- var in te l'al-
48
te- re lo- di ch'un tem- po a- man- do del mio sol
54
can- ta- i
6
[Terza parte]
59
Ma pian- se Ci- te- re- a che no- va stel- la Scor- se qua
64
giù che il no- bil van- to fu- ra A l'a- mo- ro- sa sua chia- ra fa- cel-

70
la, a l'a- mo- ro- sa sua chia-
74
[Quarta parte]
ra fa- cel- la Al na- scer
78
mio co- nob- b'al- ta ven- tu- ra Il mon- do e
82
pa- re o- gni bel- tà men bel- la E si stu- pì del o- pra
86
tua na- tu- ra, e si stu- pì del o- pra
90
tua na-
94
tu- ra.

18. Occhi belli occhi rei

Anon.

I:Vc. Torrefranca 250, 56'-62

Prima parte
Oc- chi bel- li oc- chi re- i Voi pur mi pro- met- te- sti Quan- do pri- ma mi-
5
ra- i I vos- tri dol- ci ra- i Che lie- to n'an- de- re-
9
i E pur ohi- mé son que- ste Le pro- mes- se fal-
12
la- ci Fol- go- rar lam- pi e fa- ci Fe- rir- mi e sa- et- tar- mi E ve- der ch'io tut-
15
t'ar- do E poi d'un so- lo sguar- do Re- frig- ge- rio ne- gar- mi.
19
Ec- co il mio lie- to sta- to Ec- co i di- let- ti mie- i Oc- chi

25
be- gli oc- chi re- i O cie- co fus- s'io sta- to quan- do pri- ma mi-
6
30
[Seconda parte]
ra- i I vo- stri dol- ci ra- i. Oc- chi bel- li e cru- de- li
35
Do- v'e quel- la pie- ta- de Ch'in voi mo- stro- mi A- mo- re Quan- do v'of- fer- s'il co-
40
re Che per ch'io la ri- ve- li An- cor non ri- mi- ra- te Co- me qual ne- ve o giac-
45
cio Al vo- stro sol mi sfac- cio Ahi qual
50
no- va fie- rez- za V'ar- mo d'i- ra- ti sde- gni A- ve- le- na- ti dar- di Del- la
55
vo- stra fie- rez- za Co- m'han si to- sto a- sco- so Di sde- gn'i ne- gri

60
ve- li Oc- chi bel- li e cru- de- li Que- sta lu- ce a- mo- ro- sa Ch'in voi mo- stro- mi A-
64
[Terza parte]
mo- re Quan- do v'of- fer- s'il co- re. Oc- chi nol vor- rei di- re
70
In- si- di- o- si ar- cie- ri Che con un dol- ce in- vi- to M'ha- ve- te il
75
cor fe- ri- to Dhe, dhe per- ch'al mio lan- gui- re Tor- na- te o- gni hor più
81
fie- ri Af- fi- nan- do- si stra- li Ve- le- no- si e mor- ta- li Ve- dre- te pur co-
84
m'i- o Fa- vil- lo e san- gue ver- so E in cen- ne- re con- ver- so Sol di mo- rir de- si-
90
o E per mia du- ra sor- te Non tro- vo al mio lan- gui- re

95
Oc- chi nol vor- rei di- re Ri- me- dio al- tro che mor- te
101
Poi che con dol- c'in- vi- to M'a- ve- te il cor
105
[Quarta parte]
fe- ri- to. Oc- chi fal- la - ci in- fi- di Che i- ne- bri- an- do i sen- si
112
Con quel dol- ce sor- ri- so M'a- pri- te il pa- ra- di- so Non fia ch'in voi si
117
fi- di O vi- ver lie- to pen- si Per - ché nei vo- stri gi- ri Le stes- le e 'l sol ri-
120
mi- ri Ch'il sol pre- sto s'o- scu- ra Can- gian le stel- le a- spet- to E fu- ga- ce e'l di-
126
let- to E per- pe- tuo l'ar- su- ra On- d'io tar- di mi do- glio che da pri- ma non vi- di

130
Oc- chi fal- la- ci in- fi- di Im- pres- so il vo- stro In quel dol- ce so- ri- so Che

[Quinta parte]

133
M'a- pre il pa- ra- di- so. Oc- chi fa- ta- li stel- le Ch'al dì chia- ro e se-

139
re- no Sot- to la da- ta fe- de O che bel- la mer- ce- de Con le vo- stre fa- cel-

144
le Mi fol- go- ra- te il se- no Dhe, dhe ra- do- pia- te i col- pi Ne fia che me n'in-

151
col- pi Ch'a voi sce- ma la glo- ria E me strag- ge di pe- na Fe- rir chi vi- ve a

154
pe- na E ce- d'al- la vit- to- ria Che se mo- rir pur deg- gio Più cru- de- li e men

160
bel- li Oc- chi le vo- stre stel- le Al- men que- sto vi chieg- gio

165
Del- la mia pu- ra fe- de Di- spe- ra- ta mer- ce- de.
170 [Sesta parte]
Oc- chi del cor ti- ran- ni Ah non ri- co- no- scie- te In que- ste pia- ghe i
175
se- gni De' vo- stri fie- ri sde- gni Che da miei du- ri ef- fet- ti Sol di- let- to pren-
180
de- te Mor- rom- mi e che fia po- i Che fis- so guar- di in
185
vo- i Vi fug- gi- ran gl'a- man- ti Qua- si stel- la cri- ni- ta
190
Per non me- nar la vi- ta Tra le mi - se - rie e pian- ti
195
Sa- rà 'l bia- si- mo vo- stro Se miei sa- ran- no i dan- ni Oc- chi del cor ti- ran-

200
ni Pos- sia ch'io lor di- mo- stri Im- pres- s'i vo- stri se- gni
204
Residuo
I vo- stri fie- ri sde- gni. Oc- chi bel- li oc- chi re- i O
210
cie- co fus- s'io sta- to Quan- do pri- ma mi- ra- i I vo- stri
214
dol- ci ra- i.

19. Dunque Clorida mia per questi prati

Giuseppino *Cenci*

I:Vc, Torrefranca 250, 62'-66

Prima parte
Dun- que Clo- ri- de mi- a per que- sti pra- ti Più non ve- drò la
tua bel- tà ri- splen- de- re E quei bei lu- mi a- ma- ti Al-
tro sen al- tro cor dov- vra- no ac- cen- de- re Hai ch'a pen- sar mi
sen- to il cor ri- sol- ve- re L'a- ni- ma in ge- lo
e 'l cor in fred- da pol- ve- re.
Seconda parte
Non mi la- sciar
deh non fug- gir an- co- ra Fan- ciul- let- t'a- mo- ro- sa e trop-

40
po rig- gi- da Sen- t'il duol che m'ac- co- ra Che
45
se non sei via più che giac- cio frig- gi- da Fer-
51
me- rai il pas- so in que- sta ri- va flo- ri- da Mos-
57
s'a pie- ta- de ho mia sel-
60
Terza parte
vag- gia Clo- ri- da. O di sot- to que- st'el- ce an-
66
ti- ca e ne- ra Co- me so- spir A- min- ta af- flit- ta e

71
de- bi- le O- di co- me ti pre- ga Di que- sto ri- vo
77
al mor- mo- rar sì fle- bi- le Ar- re-
82
tr
sta i pas- si hai non fug- gir a- spet- ta- mi
87
Che per- du- ta bel- ta via più
92
Quarta parte
sa- et- ta- mi. Ma tu cru- del spie- ghi l'o- rec- chie al-
98
tr
tr
tr'on- de Ne mi- ri per que-st'oc- chi i fon-

102
ti pio- ve- re Ha se del pian- to l'on- da Non ti può bel- la fe-
108
ra hog- gi com- mo- ve- re Mo- va- ti l'al-
114
ma che per do- glia a- spris- si- ma Ho- mai sen fug- ge
120
hai nin- fa cru- de- lis- si- ma, mo- va- ti l'al-
127
ma che per do- gli a- spris- si- ma ho- mai
132
sen fug- ge hai nin- fa cru- de- lis- si- ma.

20. Lasciatemi morire

Claudio Monteverdi

L'Arianna (Mantua, 1608)

I:Vc, Torrefranca 250, 66-70'

La- scia- te- mi mo- ri- re la- scia- te- mi mo- ri- re
7
E che vo- le- te voi che mi con- for- te In co- sì du- ra sor- te In co- sì
13
gran mar- ti- re La- scia- te- mi mo- ri- re, la- scia- te- mi mo-
19
ri- re O Te- seo, O Te- seo mi- o Sì
25
che mio ti vo dir che mio pur se- i Ben che t'in- vo- li hai cru-
31
do a gl'oc- chi mie- i Vol- gi- ti Te- seo mi- o Vol-

37
gi- ti Te- seo o di- o Vol- gi- ti in- die- tro a ri- mi- rar co-
42
le- i Che la- scia- to a per te la pa- tria e re- gnio In que- st'a- re- ne an- co-
47
ra Ci- bo di fe- re in so- li- ta- rie a- re- ne La- scie- rai l'os- s'i- gnu- de
52
O Te- seo, o Te- seo mi- o Se tu sa- pes- s'o
57
di- o Se tu sa- pes- s'hai me co- me s'af- fan- na La po- ver A- ri-
62
an- na For- se, for- se pen- ti- to Ri- vol- ge- re- sti an-
67
cor la pro- ra al li- to Ma con l'au- re se- re-

72
ne Tu te ne vai fe- li- ce et i- o qui pian- go
77
A te pre- pa- ra A- te- ne Lie- te pom- pe su- per- be et i-
82
o ri- man- go Ci- bo di fe- re in so- li- ta- rie a- re- ne Te l'u- n'e l'al- tro
87
tuo vec- chio pa- ren- te Strin- ge- rà lie- to et i- o più
92
non ve- dro- vi O ma- dre, o pa- dre mi- o.
97
Do- ve, do- v'è la fe- de che tan- to mi giu- ra- vi
102
Co- sì ne- l'al- ta se- de Tu mi ri- pon de- gl'a- vi Son

107
que- ste le co- ro- ne On- de m'a- dor- n'il cri- ne Que- sti li
112
scie- tri so- no Que- ste le ge- m'e gl'o- ri la- sciar- mi in a- ban-
117
do- no Hai fe- ra che mi stra- tij e mi di- vo- ri Ah Te-
122
seo, ah Te- seo mi- o La- scie- ra tu mo- ri- re
127
In van pian- gen- do in van gri- dan- d'a- i- ta
132
La mi- ser A- ri- an- na Ch'a te fi- dos- si
137
e ti diè glo- ria e vi- ta. Hai che non più ri- spon- di

142
Hai che più d'a- spe sor- do a miei la- men- ti O nem- bi o tur- bi o
147
ven- ti Som- mer- ge- te voi den- tr'a quel on- de cor- re- t'or- ch'e ba-
149
le- ne E dal- le mem- bra im- mon- de Em- pie- te le vo- lag- gi- ne pro- fon- de Che
152
par- lo hai che va- neg- gio Mi- se- ra ahi- mè che chieg- gio O Te- seo,
159
o Te- seo mi- o Non son, non son que- l'i- o, non son que- l'i- o che fe-
164
ri det- ti sciol- se Par- lò l'af- fan- no mi- o par- lò il do- lo- re
170
Par- lò la lin- gua sì ma non il co- re Mi- se- ra e pur do lo- co Al- la tra- di- ta

177
spe- me E non si spe- gnie fra tan- to scher- no An- cor d'a- mor il fo- co
182
Spe- gni tu mor- te ho- mai fiam- me s'in- de- gnie O ma- dre, o pa- dre, o
187
del- l'an- ti- co re- gnio Su- per- bi al- ber- ghi o- v'eb- bi d'or la cun- na O ser- vi,
192
o fi- di a- mi- ci hai fa- to in- de- gnio Mi- ra- te o- ve m'a scor- to em- pia for-
197
tu- na Mi- ra- te di che duol m'a fat- to e- re- de il mio a- mo- re la mia fe- de
202
L'al- tru- i in- gan- no co- sì va Chi trop- p'a- ma e trop- po cre- de.

21. Dove, dove ten fuggi anima bella

Cesare Marotti [Marotta]

I:Vc, Torrefranca 250, 71-73'

36
tr
Terza parte
tr
tuoi begl'oc- chi i lam- pi Dhe che fa- rem
41
o pa- sto- rel- l'o nin- fe Sen- za quel sol ch'in-
46
nam- mo- rar il cie- lo Ahi tut- to par- mi già
51
te- ne- bre e gie- lo, ahi tut- to par- mi già te- ne-
56
Quarta parte
bre e gie- lo So- spi- ra- te au- gel- let- ti au- re pian- ge-
62
te Pian- ge- te an- tri fron- do- si e col- li a- dor- ni

68
Fin che mos- s'a pie- tà con noi sog- gior- ni, fin che
73
Quinta parte
mos- s'a pie- tà con noi sog- gior- ni O- di bel
78
an- gio- let- ta i no- stri pian- ti Rac- co-
83
gli le bel a- li e fer- ma il vo-
87
lo Non ten fug- gir non mi la- sciar qui so- lo, non
92
ten fug- gir non mi la- sciar qui so- lo.

22. O durezze amarissime d'amore

Cesare Marotti [Marotta]

Bradamente gelosa (Ferrara, 1616), Intermedio 3

Prima parte

I:Vc, Torrefranca 250, 73'-75

O du- rez- ze a- ma- ris- si- me d'A- mo- re,

7

In cui si gia- ce un cor vi- vo se- pol- to,

13

in cui si gia- ce un cor vi- vo se-

Seconda parte

17

pol- to. Splen- der non può gia- mai spir-

22

to o va- lo- re, Se gli

26

fia l'om- bre di la- sci- via in- vol- to,

31
se gli fia l'om- bre di la- sci-
35
Terza parte
via in- vol- to. Non spe- ri d'a- qui-
39
star fa- ma ed ho- no- re
43
Chi da ter- re- no a- mor non è di-
46
sciol- to, chi da ter- re- no a-
51
mor non è di- sciol-

Quarta parte
54
to
Sì sì fug- gi- te a- mor,
9
57
fug- gi- te a- man-
59
ti
Ch'e- gl'ha del suo pia-
63
cer se- gua-
ci i pian- ti, ch'e- gl'ha
67
del suo pia-
69
cer se- gua-
ci i pian- ti.

23. Suavissimi lumi al cui splendore

Cesare Marotti [Marotta]

I:Vc, Torrefranca 250, 75'-77

Prima parte
Su- a- vis- si- mi lu- mi al cui splen- do- re
7
Col- mo d'a- ma- bi- lis- si- mo mar- ti- re
13
O- gn'hor l'a- ni- ma mia tor- n'a mo- ri- re, o- gn'hor l'a-
19
ni- ma mia tor- n'a mo- ri- re
Seconda parte
Las- so co- no- sco
25
ben che tor- men-tan- do E con- su- man- do il
31
cor non ve- drò ma- i Sor- ger l'al- ba d'A- mor

37
ne' tuoi bei ra- i, sor- ger
41
l'al- ba d'A- mor ne tuoi bei ra- i
45
Terza parte
Di cal- dis- si- mi pian- ti mon- da il se-
49
no Ri- no- vel-
53
la i so- spir la not- t'e 'l gior- no
57
E pur nem- bo di sde- gno ha- ve- te in- tor-

61
no, e pur nem- bo di sde-
64
Quarta parte
gno ha- ve- te in- tor- no Su- a- vis- si- mi lu- mi il vo-
71
stro hor- ro- re Pie- to- sa- men- te ho- mai
76
ra- se- re- na- te Che per ve- ra pie- tà
81
cre- scie bel- ta- de, che per ve- ra pie- ta
86
cre- scie bel- ta- de.

23a. Suavissimi lumi al cui splendore

Cesare Marotta

I:MOe, Mus. E 318, 5'-6'

[Prima parte]
Su- a- vis- si- mi lu- mi al cui splen- do- re
7
Col- mo d'a - ma- bi- lis- si- mo mar- ti- re
13
O- gn'hor l'a- ni- ma mia tor- n'a mo- ri- re, o- gn'hor l'a-
19
ni- ma mia tor- n'a mo- ri- re
[Seconda parte]
Las- so co- no- sco
25
ben che tor- men- tan- do E con- su- man- do il
31
cor non ve- drò ma- i Sor- ger l'al- ba d'A- mor

37
ne' vo- stri bei ra- i, sor- ger
41
l'al- ba d'A- mor ne' tuoi bei ra- i
45
[Terza parte: extra text following the Prima parte indicates a return to the music of Part 1.]
Di cal- dis- si- mi pian- ti mon- da il se-
49
no Ri- no- vel-
53
la i so- spir la not- t'e 'l gior- no
57
E pur nem- bo di sde- gno ha- ve- te in- tor-

61
no e pur nem - bo di sde -
64
[Quarta parte]
gno ha-ve - te in-tor - no Su- a- vis- si- mi lu- mi il vo-
71
stro hor- ro- re Pie- to- sa-men- te ho- mai
76
ra-se- re-na- te Che per ve- ra pie- tà
81
cre- scie bel- ta- de, che per ve- ra pie- tà
86
cre- scie bel- ta- de.

24. Vita della mia vita egl'è pur vero

Ippolito *Macchiavelli*

I:Vc, Torrefranca 250, 77'-79

25
Pien d'ar- den- te de- sio m'in- nal-
29
zo a vo- lo, pien d'ar- den- te de-
33
sio m'in- nal- zo a vo- lo m'in- nal- zo a vo- lo
37
Terza parte
E ven- go per drit- tis- si- mo sen- tie-
41
ro A sfo- gar vo-
45
sco il mio an- go- scio- so duo- lo,

49
a sfo- gar vo- sco il mio an- go- scio-
53
Quarta parte
so duo- lo Ma sì bre- v'è la
57
gio- ia e sì fu- ga- ce
61
Ch'io non ho col mio ben tre- gua
65
né pa- ce, ch'io non
69
ho col mio ben tre- gua né pa- ce.

25. Io pur deggio partire

Ippolito *Macchiavelli*

I:Vc, Torrefranca 250, fols. 79'-80bis

37
in- mor- tal ve- len Ahi qual fe- ra il tor- men- to Se 'l cor ha- ves- s'in sen, se 'l
43
Quinta parte
cor ha- ves- s'in sen. Cor mio do- ve t'ar- re- sti Et io do- ve men
49
vo Leg- gia- dr'oc- chi ce- le- sti Quan- do vi ri- ve- drò. quan- do vi ri- ve-
55
Sesta parte
drò. S'io v'a- mo e s'io v'a- do- ro Sal- lo la ter- ra e 'l ciel Ma
61
pur vi la- scio e mo- ro Ahi mio de- stin cru- del, ahi mio de- stin cru- del.
67
Settima parte
Dhe per- ché la mia mor- te Al men co- lei non sa Per- che del- la mia

73
Ottava parte
mor- te Non sen- t'al- men pie- tà, non sen- t'al- men pie- tà. A-
79
mor fa che dia fe- de La cru- da al mio do- lor Mo-
83
rir per chi nol cre- de Non è pe- na mag- gior, non è pe- na mag- gior.

26. Io piango tu non torni il duol non sciema

Anon.

I:Vc, Torrefranca 250, 80 bis'-81

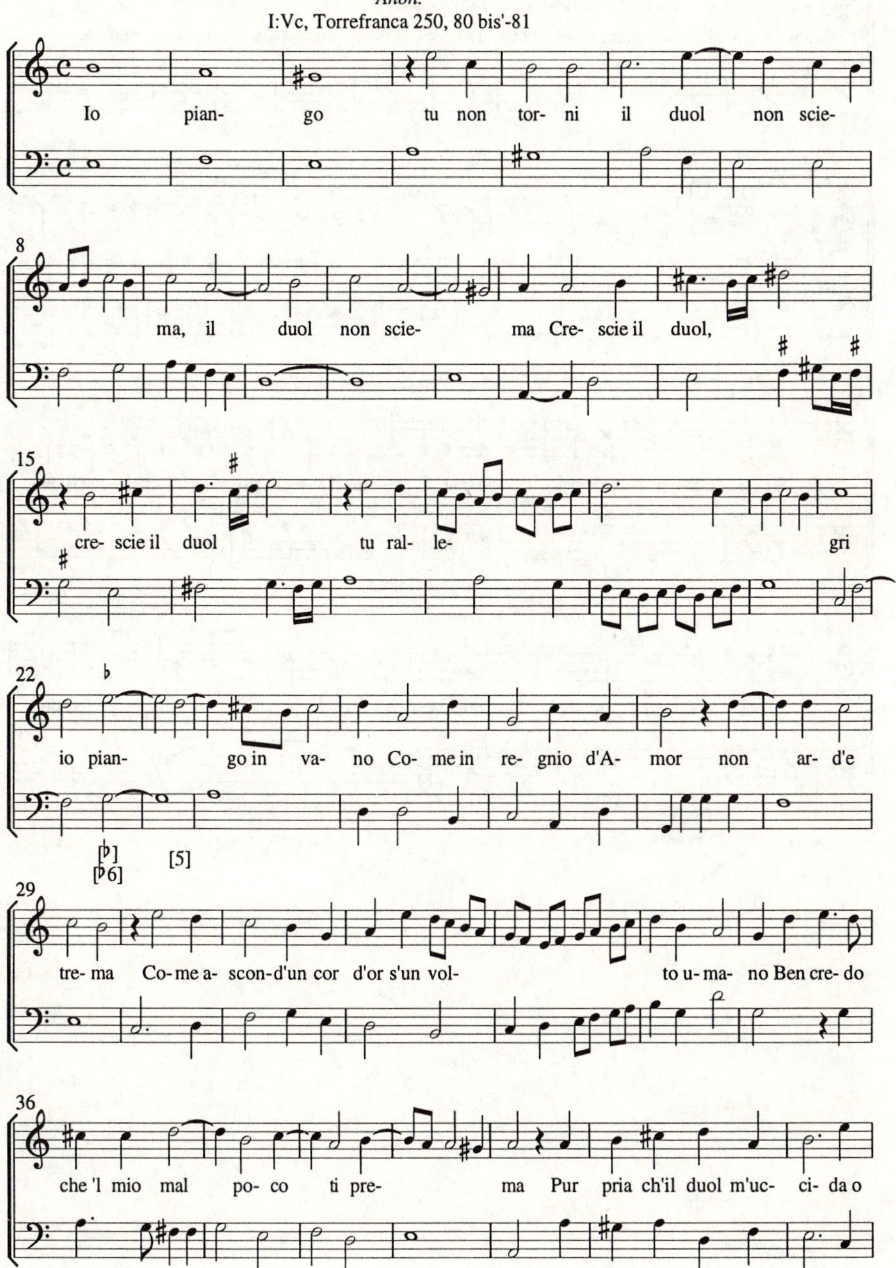

43
que- sta ma- no Chieg- gio per mio se- pol- cro, chieg- gio per mio se- pol-
48
cro in gra- tia al me- no Al- l'al- ma il se- no, al- l'al- ma il
55
se- no al cor- po il tuo bel ni- do, al- l'al- ma il se- no, al- l'al- ma il se-
61
no al cor- po il tuo bel ni- do, al cor- po il tuo bel ni- do.

27. Io vorrei pur morir così mi preme

Anon.

I:Vc, Torrefranca 250, 81'-82

Io vor- rei pur mo- rir co- sì mi pre- me La lon- ta-
8
nan- za ri- a Del- la spe- ran- za mi- a Ma ri- mem- bran- do il
14
gior- no Del tuo dol- ce ri- tor- no Fug- gi pur quel mo- rir, fug- gi pur
20
quel mo- rir che pur de- si- o Deh tor- na hor- mai cor
27
mi- o, deh tor- na hor- mai cor mi- o Che trop- po gran mar- ti- re
37
Il non po- ter né vi- ver né mo- ri- re, il non po- ter né vi- ver né mo- ri- re.

28. Dunque da me ten fuggi ho mio tesoro

Anon.

I:Vc, Torrefranca 250, 82'-83

Dun- que da me ten fug- gi ho mio te- so- ro Per non mi-

10 rar cru- del- le, per non mi- rar cru- del- le Co- me per te mi strug- go e mi sco-

17 lo- ro E mo- stra il bel sem- bian- te A me fe- del ma più gra- di- to a- man-

24 te Et io sen- za mo- rir po- trò ve- de- re Te mio

31 ben te mia vi- ta al- tri go- de- re No, no, no, no fug- ga il mio co- re E fug-

39 gen- do e mo- ren- do an- co ti a- do- ri, e fug- gen- do e mo- ren- do an- co ti a- do- ri.

29. Alma afflitta che fai

Anon.

I:Vc, Torrefranca 250, 83'-84

Al- ma af- flit- ta che fa- i, al- ma af- flit- ta che fa-
8
i, Chi ti da- rà più vi- ta, chi ti da- rà più vi- ta, Se co- lei per cui
15
vi- v'hog- gi è par- ti- ta, se co- lei per cui vi- v'hog- gi è par- ti-
22
ta, chi ti da- rà più vi- ta, chi ti da- rà più vi- ta se co-
29
lei per cui vi- v'hog- gi è par- ti- ta se co- lei per cui vi- v'hog- gi è
36
par- ti- ta, Hai son ben fol- l'e cie- co, hai

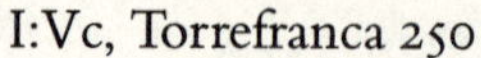

43

son ben fol- l'e cie- co, Col al- ma ra- gio- nar, col al- ma ra- gio-

49

nar, che non è me- co, hai son ben fol- l'e cie- co, hai

57

son ben fol- l'e cie- co col al- ma ra- gio- nar, col al- ma ra- gio-

63

nar, che non e me- co, che non è me- co.

30. Temer donna non dei

Anon.

I:Vc, Torrefranca 250, 84'-85

Te- mer don- na non de- i Ch'io sco- pra al- trui già
5
mai gl'in- cen- dij mie- i Il mio rin- chiu- so ar- do-
9
re Non ve- drà non sa- prà al- tri ch'A- mo- re
13
Ar- do e sem- pre ar- de- rò ta- ci- ta- men- te,
17
ar- do e sem- pre ar- de- rò ta- ci- ta- men- te
21
Se pur fra fiam- me tan- te Non s'a- pre il pet-

25
to e fuo- re, e fuo- re, L'im- mag- gin tua non ma- ni- fe- sti il
29
co- re, e fuo- re, e fuo- re, l'im- mag- gin
33
tua non ma- ni- fe- sti il co- re, l'im- mag- gin tua
37
non ma- ni- fe- sti il co- re.

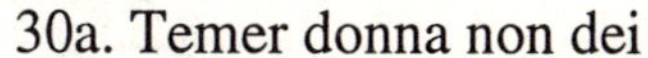

30a. Temer donna non dei

Anon.

I:Bc, CC.225, 18'-20

Te- mer don- na non de- i
Te- mer don- na non de- i Ch'io

4
Ch'io sco- pra al- trui già mai gl'in- cen- dij mie-
sco- pra al- trui già mai, ch'io sco- pra al- trui già mai gl'in- cen- dij mie-

7
i Il mio rin- chiu- so ar- do- re Non ve- drà
i Il mio rin- chiu- so ar- do- re Non ve-

10
non sa- prà al- tri ch'A- mo- re
dra non sa - prà al - tri ch'A - mo- re

13
Ar- do e sem- pre ar- de- rò ta- ci- va- men-
Ar- do e sem- pre ar- de- rò ta-
16
te, ar- do e sem- pre ar- de- rò ta-
ci- va- men- te, ar- do e sem- pre ar- de-
19
ci- va- men- te Se pur
rò ta- ci- va- men- te Se
22
fra fiam- me tan- te Non s'a- pre il pet- to e
pur fra fiam- me tan- te Non s'a- pre il pet- to

25
fuo- re, e fuo- re, L'im- mag- gin tua non ma- ni- fe- sti il
e fuo- re, e fuo- re L'im- mag- gin tua non ma- ni-
29
co- re, e fuo- re, e fuo- re, l'im- mag- gin
fe- sti il co- re, e fuo- re, e fuo- re,
33
tua non ma- ni- fe- sti il co- re, l'im- mag- gin tua
l'im- mag- gin tua non ma- ni- fe- sti il co- re, l'im-
37
non ma- ni- fe- sti il co- re.
mag- gin tua non ma - ni - fe - sti il co - re.

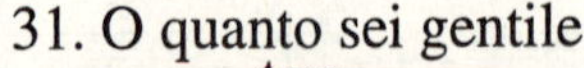

31. O quanto sei gentile

Anon.

I:Vc, Torrefranca 250, 85'-86

O quan- to sei gen- ti- le Ca- r'au- gel- li- no quan-

7 to E 'l mio sta- to a- mo- ro- so al tuo si- mi- le Tu pri- gion io pri- gion,

14 tu pri- gion io pri- gion tu can- ti io can-

20 to Tu can- ti per co- lei che t'a le- ga-

26 to Et io can- to, et io can- to per le- i.

33 Ma que- st'è dif- fe- ren- te La mia sor- te do- len-

38
te Che gio- va pur a te l'es- ser ca- no- ro. Vi- vi can-
45
tan- do, vi- vi can- tan- do, vi- vi can- tan- do et
50
io can- tan- do mo- ro, che gio- va pur a te l'es-
57
ser ca- no- ro, vi- vi can- tan- do, vi- vi can- tan- do,
63
vi- vi can- tan- do et io can- tan- do io
69
mo- ro.

32. Donna per acquetar vostro desire

Anon.

I:Vc, Torrefranca 250, 86'-87

31
tà del- la mia mor- te Don- na, don-
36
na se ciò quie- tas- s'il mio de- si- re Ho che
41
dol- ce mo- ri- re, ho che dol-
46
ce mo- ri- re,

33. Deh dolc'anima mia

Giuseppino *Cenci*

Battista Guarini, *Il pastor fido*, III, 3

I:Vc, Torrefranca 250, 87'-88

Deh dol- c'a- ni- ma mia, deh dol- c'a- ni- ma mia
6
3
10
Par- ti- ti e ti con- so- la Ch'in- fi- ni- ta è la schie- ra De- gl'in- fe-
17
li- ci a- man- ti Vi- ve ben al- trui in pian- ti Sì co- me tu Mir-
23
se- co il suo do- lo- re Né sei tu
6
29
so- lo a la- gri- mar d'A- mo-
33
la- gri- mar d'A- mo- re.

34. Amiam Fillide amiam ah non rispondi

31
spon- de a- mo, a- mo, a- mo,
36
a- mo, a- mo, a- mo.
41 [Seconda parte]
Or che 'l me- ri- glio ar- den- te Al dol- ce son- no e pla- ci- do ri- chia- ma
46
E gli huo- mi- ni e le bel- ve De- sta- ti, de- sta- ti nin- fa il tuo fi-
51
del ti chia- ma Fra le se- cre- te chio- stre il fi- do hor- ro- re Di que- ste om- bro-
55
se sel- ve Do- ve sol me- co, do- ve sol me- co A- mo- re

61
Vie- ni, vie- ni dhe vie- ni hor- mai non far di- mo- ra O-
65
di un al- tro c'in- vi- ta, c'in- vi- ta e di- ce o- ra,
69
o- ra, o- ra, o- ra,
73
o- ra, o- ra

35. Quel augellin che canta

Anon.

Battista Guarini, *Il pastor fido*, I, i

I:Vc, Torrefranca 250, 90'-91

25
co- re E par- la, e par- la in sua fa- vel- la Sì che l'in-
29
ten- de il suo dol- ce de- si- o et o- di a- pun- to il suo
33
dol- ce de- si- o Che gli ri- spon- de ar- do d'A- mo- re, ar- do d'A-
37
mo- re an- ch'i- o, ar- do d'A- mo- re, ar- do d'A- mo- re an- ch'i- o, ar-
41
do d'A- mo- re an- ch'i- o.

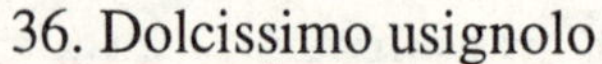

36. Dolcissimo usignolo

Anon.

I:Vc, Torrefranca 250, 91'-92

Dol- cis- si- mo u- si- gno- lo Tu chia- mi la tua ca-

6 ra com- pa- gni- a Can- tan- do vie- ni vie- ni vie- ni

11 vie- ni a- ni- ma mi- a A me can- to non

16 va- le E non ho co- me tu da vo- lar

21 a- le, e non ho co- me tu da vo- lar

26 a- le For- tu- na- to au- gel-

31
let- to Co- me nel tuo di- let- to Ti ri- com- pen- sa l'al- ma na- tu- ra
36
Se ti ne- gò sa- per ti diè ven- tu- ra, ti diè ven- tu- ra,
41
se ti ne- gò sa- per ti
44
diè ven- tu- ra.

37. O Filli, o Filli queste voci estreme

Anon.

I:Vc, Torrefranca 250, 92'-93

31
to Ve- di- lo al me- no o cru- da A- pri- me gl'oc- chi in- sin che
36
gl'oc- chi chiu- da, a- pri- me gl'oc- chi in- sin che gl'oc- chi chiu- da,
41
ve- di- lo al- me- no o cru- da a- pri- me gl'oc-
46
chi in- sin, a- pri- me gl'oc- chi in- sin che
51
gl'oc- chi chiu- da.

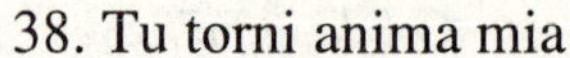

38. Tu torni anima mia

Anon.

I:Vc, Torrefranca 250, 93'-94

Tu tor- ni, tu tor- ni a- ni- ma mi- a, tu tor-

6 ni, tu tor- ni a- ni- ma mi- a O fe- li- ce ri-

11 tor- no, o fe- li- ce ri- tor- no Che fai di mez- za

16 not- te un chia- ro gior- no, che fai di mez- za not- te un chia-

21 ro gior- no, un chia- ro

26 gior- no Dol- cis- si- mo mio be- ne Dol- cis- si-

31
mo mio co- re Tan- to me 'l tuo ve- nir più
36
dol- ce e ca- ro Quan- to sul duol del- la par- ti- ta a- ma-
41
ro, tan- to me 'l tuo ve- nir più dol- ce e ca- ro quan- to sul
46
duol del- la par- ti- ta a- ma- ro, del- la par- ti- ta a-
51
ma- ro Co- sì m'in- se- gna a- mor, co- sì m'in-
56
se- gna a- mor Che dal tor- men- to so- la gio- ia na-

61
scie, so- la gio- ia na- scie, che dal tor-
66
men- to so- la gio- ia na- scie E di do- lor o- gni pia-
71
cer si pa- scie, e di do- lor o- gni pia- cer si pa- scie.

39. Doppo un lungo sospiro

Anon.

I:Vc, Torrefranca 250, 94'-95

Dop- po un lun- go so- spi- ro A- pe- na puo- te dir que- ste pa- ro- le
7
La bel- lis- si- ma Ni- sa al suo bel so- le Cru- del per te so- spi- ro Per te
6
15
l'a- ni- ma spi- ra E non m'a- iu- ti e non mi por- gi a- i- ta Voi ch'io la- sci la vi- ta,
22
voi ch'io la- sci la vi- ta Mor- ro, mor- ro, mor- ro s'a te ben mio t'in-
29
vo- li Ma il pa- stor più cru- del gli dis- se, gli dis- se mo- ri Cad- d'el- la
36
tra- mor- tu- ta, cad- d'el- la tra- mor- tu- ta in grem- b'ai fio- ri.

40. Se 'n così gravi e dolorosi accenti

Abundio Antonelli

I:Vc Torrefranca 250, 95'-96

Quarta parte from *Raccolta de varii concerti musicali* (Rome: Robletti, 1621), 13-14

50
ho con for- tis- si- me ca- te- ne Si strug- ge, si strug- ge in
56
mil- le a mil- le fiam- me, a mil- le fiam- me ar- den- ti, si strug-
61
ge in mil- le a mil- le fiam- me ar- den-
64
Terza parte
ti Né mai
68
sì chia- ra fiam- ma né sì bel-
73
la Né sì luc- cen- te il mon- do ve- de- ri- a Se non la
83
con- tur- bas- se in- vi- da stel- la, se non la

Quarta parte
con- tur- bas- se in- vi- da stel- la. E lie-
te dol- ci no- te can-
te- ri- a L'ac- ce- so cor se no 'l vie- tas-
se quel- la D'a- mor ne- mi- ca è
più ne- mi- ca mi- a, d'a- mor ne-
mi- ca è più ne- mi- ca più ne- mi- ca mi- a.

41. Ch'io t'ami et ami più della mia vita

Raffaello Rontani

Battista Guarini, *Il pastor fido*, III, 3

I:Vc, Torrefranca 250, 97-97'

Ch'io t'a- mi et a- mi più del- la mia vi- ta Se tu nol sai cru- de- le
5
Chie- de- lo a que- ste sel- ve Che tel di- rann' con es- se Le fie- re lor
9
e du- ri ster- pi et sas- si E in que- st'al- pe- stri mon- ti Ch'i- o si spes- se
13
vol- te In- te- ne- ri- te al suon de miei la- men-
17
ti Ma che bi- so- gna far co- tan- ta fe- de Del ar- dor do-
21
v'è bel- lez- za tan- ta Mi- ra quan- te va- ghez- ze ha il ciel se-

25
re- no Quan- to la ter- ra e tut- te Rac- co- gli il pic- ciol gi- ro in- di ve-
29
dra- i Qual sia l'al- ta ca- gion del ar- der mi- o.

42. Son questi miei sospir messaggi ardenti

Anon.

I:Vc, Torrefranca 250, 98-98'

[Prima parte]
Son que- sti miei so- spir mes- sag-
gi ar - den- ti Che ven- go- no ad o- gn'hor da
voi mi- o co- re Per im- pe- trar pie- ta- de a'
miei tor- men- ti.
[Seconda parte]
Ma voi
bel- la ca- gion del- le mie pe- ne A que- sto fle- bil
suon pie- tà ne- ga- te Per- che tra lac- ci mo- ra

25
e tra ca- te- ne.

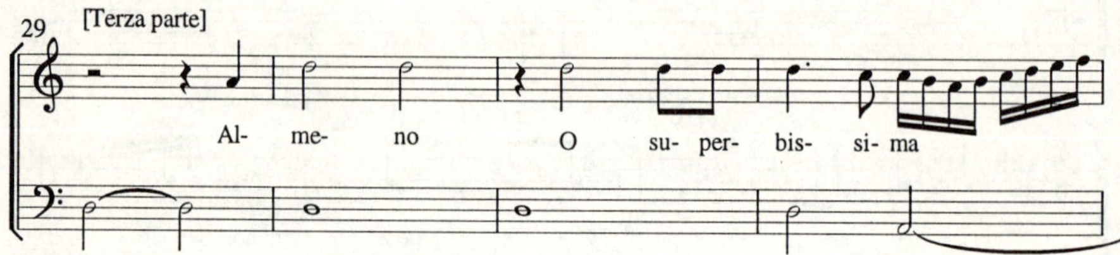

29
[Terza parte]
Al- me- no O su- per- bis- si- ma

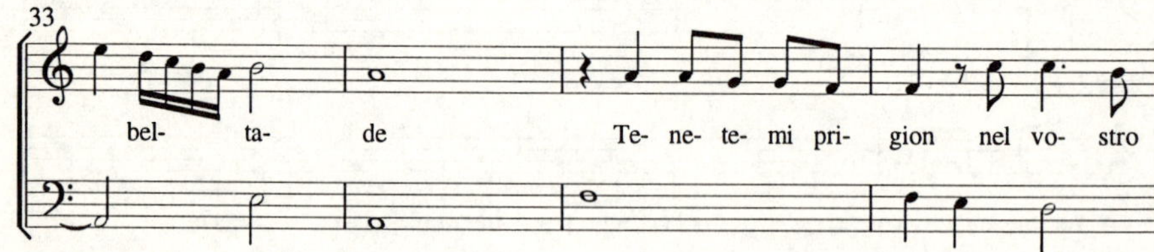

33
bel- ta- de Te- ne- te- mi pri- gion nel vo- stro

37
se- no Ch'io gri- de- rò ven- det- ta e non pie- ta- de.

43. Non credete ch'io v'ami ahi lasso e ch'io

Raffaelle Rontani

I:Vc, Torrefranca 250, 99-99'

Non cre- de- te ch'io v'a- mi ahi las- so e ch'io Per vo- stro a- mor mi
strug- ga e mi con- su- mi Non ve- de- te voi il fo- co
ar- den- ti lu- mi E pur na- scie da voi l'in- cen- dio mi-
o. Voi pur ve- de- te il per- fi- do de- si- o Che spes- so a- gl'oc- chi
miei con- ver- s'in fiu- mi Il mio pal- lor ve- dre- te e miei co- stu- mi
Col- mi di duol né mi ve- de- te ho Di- o Quai se- gni vi da-

25
rò d'es- ser a- man- te Se non vi ba- sta il pian- to o mio te- so-
29
ro Se non vi ba- st'il pal- li- do sem- bian- te Ec- co di-
33
nan- z'a voi mia vi- ta mo- ro Se- gni for- se sa- ran que- sti ba-
37
stan- te A di- mo- strar s'io v'a- mo e s'io v'a- do- ro.

44. Tu godi il sol ch'agli occhi miei s'asconde

Raffaelle Rontani

I:Vc, Torrefranca 250, 100-101

Tu go- di il sol ch'a- gli oc- chi miei s'a- scon- de In- vi- do
re de' fiu- mi e quel te- so- ro Ric- co m'in- vo- li on- d'hai l'a- re- ne
d'o- ro E di fre- schi sme- ral- di am- bo le
spon- de Hor le sei spe- chio hor fon- te hor fior hor
fron- de Tes- si per far- le al crin va- go la- vo- ro Men- tr'el- la in
dol- ce et a- mo- ro- so co- ro So- lea le tue be- a- te e pal- vi-

25
d'on- de Fus- s'io 'l no- chier di sì leg- gia- dro le- gnio Al hor ch'il ciel
29
o- gni suo lu- me ve- la Per es- ser sol da- la mia stel- la
33
scor- to Sos- pir fu- se- ro l'a- ria il cor la ve- la E quel mio
37
ca- ro e pie- to- so pe- gno Fos- se la mer- cè e que- ste
40
brac- cia, e que- ste brac- cia il por- to.

45. O tu che fra le selve occulta vivi

Anon.

I:Vc, Torrefranca 250, 101'-102

31
[Eco]
mi- se- rel- la che con- so- lar- mi voi in que- sto spe- co ec- co
36
[Amante]
Ec- co gen- til che ne- gl'ul- ti- mi ac- cen- ti Mi ri- spon- di non son d'a- man- te e-
40
[Eco]
[Amante]
sem- pio em- pio E per- ché tu mi di- ci ch'io son em- pio Non ho ha- u- to pie-
45
[Eco]
tà, non ho ha- u- to pie- tà di miei la- men- ti men- ti
[Amante]
49
Men- tir non pos- so ch'el ciel e le stel- le Pon- no far fe- de s'i- o l'o da- to gua- i
55
[Eco]
[Amante]
ha- i Or sia co- me si vo- glia ad- dio ti la- scio Spir- to ch'ai vo- ce
60
e fra li bo- schi vi- vi Or quan- to ho det- to tra li tron- chi scri- vi.

46. Ecco solinga e delle selve amica

Marco da Gagliano

I:Vc, Torrefranca 250, 102'-103

25
crin s'in- fior il se- no Per me che l'a- mo as- sai pian- g'e so- spi- ra
29 [Eco] [Amante]
spi- ra Che ci- bo por- ge al- la sua dol- ce spe- me
33 [Eco] [Amante]
e- me E di tal e- sca si nu- tri- sc'e vi-
37 [Eco] [Amante]
ve vi- ve E chi gli fa- rà fè del a- mor mi- o
7 6
42 [Eco] [Amante]
i- o Dil- le dun- que gen- til gio- co- sa im- ma-
46
go Chi d'A- mor
6 5
49
lei più del mio cor m'ap- pa- go.
4

47. O dell'ombrosa notte amati orrori

Cesare Marotta

I:Vc, Torrefranca 250, 103'-105'

[Prima parte]

O del- l'om- bro- sa not- te a- ma- ti or- ro- ri O del- l'e- ter- ne piag-

5

ge au- ra- te stel- le A- scol- ta- te pie- to- s'i miei do- lo- ri.

[Seconda parte]

Voi

31
[Terza parte]
le. Deh fre- na l'i- ra a que- sti dol- ci can- ti
37
Se può can- tar un che lan- gui- sc'e mo-
43
re E da- gl'oc- chi di- stil- l'a- ma- ri pian-
49
ti, e da- gl'oc- chi di- stil- l'a- ma- ri pian-
55
[Quarta parte]
ti. A- man- te io son che non ho spir- to e co- re
62
E s'io spie- go miei do- glie al ciel

66
se- re- no Sol mi da spir- to e cor il mio do- lo- re,
73
[Quinta parte]
sol mi da spir- to e cor il mio do- lo- re. Vi- ve l'a- ni- ma mia
79
den- tro un bel se- no Né si cu- ra tor- nar do- v'è fug- gi-
83
ta Tal che la mor- te ha di mia vi- ta il fre- no E
87
non mi sde- gnia e non mi trahe di vi- ta, e
93
non mi sde- gnia e non mi trahe di vi- ta.

47a. O dell'ombrosa notte amati orrori

Cesare Marotta

I:Bc, CC.225, 1-5

31
Terza parte
le. Deh fre- na l'i- ra a que- sti dol- ci can- ti
37
Se può can- tar un che lan- gui- sc'e mo-
43
re E da- gl'oc- chi di- stil- l'a- ma- ri pian-
49
ti, e da- gl'oc- chi di- stil- l'a- ma- ri pian-
55
Quarta parte
ti. A- man- te io son che non ho spir- to e co- re
62
E s'io spie- go miei do- glie al ciel

66
se- re- no Sol mi da spir- to e cor il mio do- lo- re,
73
[Quinta parte]
sol mi da spir- to e cor il mio do- lo- re. Vi- ve l'a- ni- ma mia
79
den- tro un bel se- no Né si cu- ra tor- nar do- v'e fug- gi-
83
ta Tal che la mor- te ha di mia vi- ta il fre- no E
87
non mi sde- gnia e non mi trahe di vi- ta, e
93
non mi sde- gnia e non mi trahe di vi- ta.

48. Che più giova mirar occh'infelici

Cesare Marotti [Marotta]

Alessandro Guarini, *Bradamante gelosa* (Ferrara, 1616), Quarto intermezzo

I:Vc, Torrefranca 250, 106-107'

37
Terza parte
Trop- po, trop- po al mio ben fu- ro in- fe- li- ci Il
44
de- sti- no e le stel- le i- ni- que a- va- re, il de-
51
Quarta parte
sti- no e le stel- le i- ni- que a- va- re Van è 'l
56
de- sir e va- n'è la spe- ran-
60
za Di pian- ger sol e di mo- rir mi a- van- za,
67
di pian- ger sol e di mo- rir mi a- van- za,
73
di pian- ger sol e di mo- rir mi a- van- za,

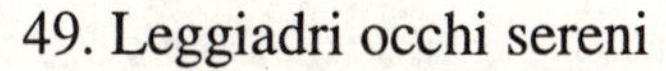

49. Leggiadri occhi sereni

Giuseppino Cenci

I:Bc, CC.225, 24'-28

Prima parte

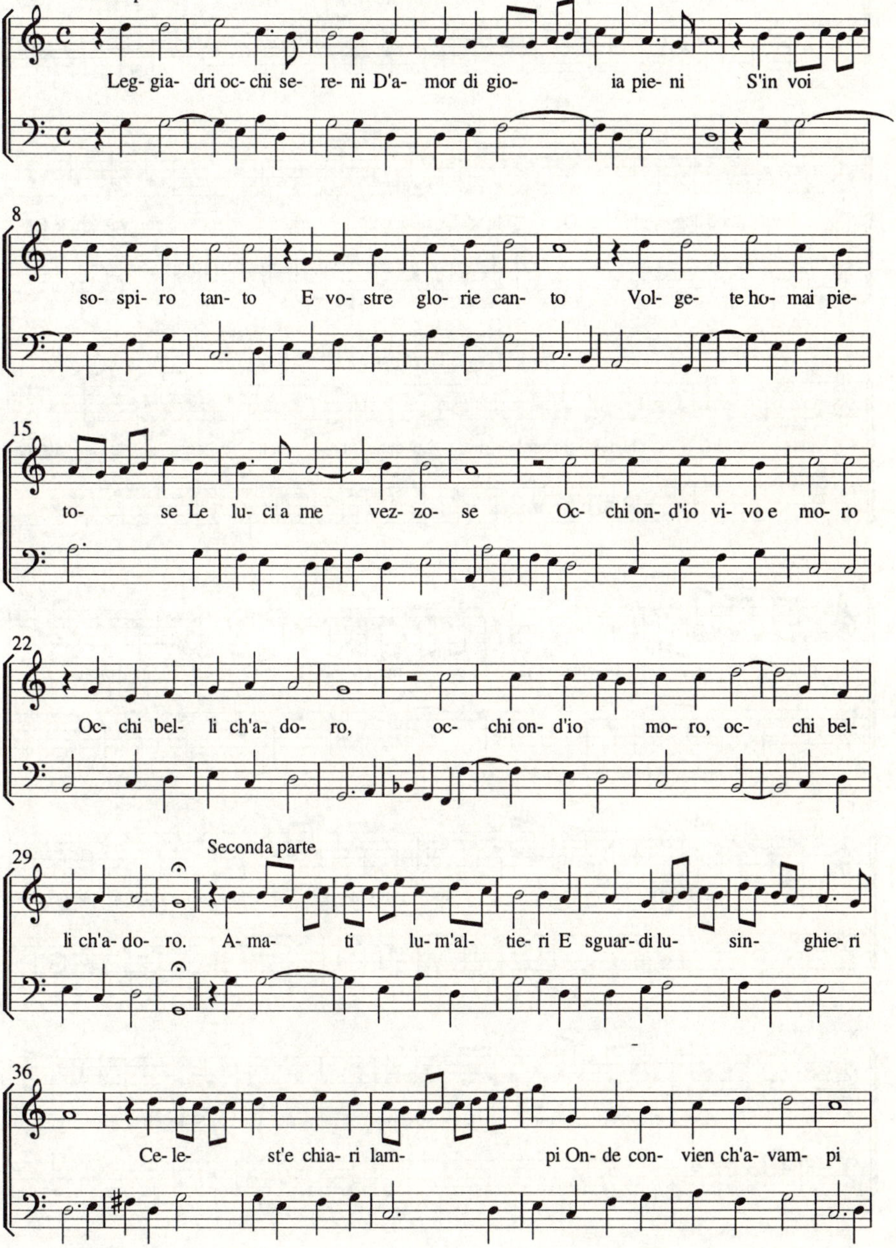

Leg- gia- dri oc- chi se- re- ni D'a- mor di gio- ia pie- ni S'in voi

8
so- spi- ro tan- to E vo- stre glo- rie can- to Vol- ge- te ho- mai pie-

15
to- se Le lu- ci a me vez- zo- se Oc- chi on- d'io vi- vo e mo- ro

22
Oc- chi bel- li ch'a- do- ro, oc- chi on- d'io mo- ro, oc- chi bel-

29
li ch'a- do- ro.

Seconda parte

A- ma- ti lu- m'al- tie- ri E sguar- di lu- sin- ghie- ri

36
Ce- le- st'e chia- ri lam- pi On- de con- vien ch'a- vam- pi

43
Per voi ar- s'e fe- ri- to Il cor mi fu ra- pi- to Oc-
50
chi va- ghi e leg- gia- dri Oc- chi del mio cor la- dri, oc- chi va- ghi e leg-
57
Terza parte
gia- dri, oc- chi del mio cor la- dri. Lu- cen- t'e chia- re stel- le Del- l'al- ma
64
mia fa- cel- le Sì co- me bel- le se- te U- gual pie- ta-
71
d'ha- ve- te Fe- ri- te pur pia- ga- te S'al fin poi mi sa- na-
78
te Oc- chi d'A- mor te- so- ri Fiam- me di mil- le co- ri, oc-

85
chi d'A- mor te- so- ri, fiam- me di mil- le co- ri.
91
Quarta parte
Lu- ci chia- r'e ce- le- sti Ch'a- d'a- mar m'in- du- ce- sti S'in voi
98
pie- tà di- scer- no Fia l'a- mor mio e- ter- no Pie- tà dun- que vi pie- ghi A
106
miei do- len- ti pre- ghi Pie- ta- d'a chi si mo- re Hoi- mè per
113
trop-po ar- do- re, pie- ta- d'a chi si mo- re, hoi- mè per trop-po ar- do- re.

50. Occhi stelle fatali

Anon.

I:Bc, CC.225, fols. 29'-30

1. Oc- chi stel- le fa- ta- li Che da un ce- le-
2. Oc- chi del sol più chia- ri Che chiu- s'in voi
3. Oc- chi stra- li a- mo- ro- si Che i pet- ti a noi
4. Oc- chi del ciel fa- cel- le Che nei più fred-
5. Oc- chi d'A- mor ar- cie- ri Che sa- et- ta-
ste vi- so Di- spen- sa- te a mor-
te- ne- te I di- let- ti più
pia- ga- te Or cru- di et hor pie-
di co- ri Fa- te fiam- me no-
te o- gn'ho- ra Ch'or cru- di et ho- ra
ta- li Gra- tie di pa- ra- di- so
chia- ri Le gio- ie più se- gre- te
to- si Con pun- te av- ve- le- na- te
vel- le Sor- ger da spen- ti ar- do- ri
fie- ri Chi di voi s'in- na- mo- ra
E con sguar- di vi- ta- li E con un
De per- ché tan- ti a- va- ri A me vi
E fra dol- ci ri- po- si La vi- ta in-
E da vo- glie piu bel- le Na- scier più
E d'A- mor lu- sin- ghie- ri Bra- ma- te

17
dol- ce ri- so Rub- ba- te l'al- ma e'l co- re Dol-
nas- con- de- te Qual hor fra sde- gn'et i- re Per
si- di- a- te Men- tre con du- ra sor- te Al-
va- ghi a- mo- ri Che fra so- spi- ri e pian- ti Fa-
che si mo- ra Oc- chi sua- vi e re- i Oc-
22
ci la- dri d'A- mo- re, rub-
voi pro- vo il mo- ri- re, qual-
trui fe- ri- te a mor- te, men-
te lan- guir gl'a- man- ti, Che
chi de- gl'oc- chi mie- i, Oc-
26
ba- te l'al- ma e'l co- re dol- ci la- dri d'A- mo- re.
hor fra sde- gn'et i- re per voi pro- vo il mo- ri- re.
tre con du- ra sor- te al- trui fe- ri- te a mor- te.
fra so- spi- ri e pian- ti fa- te lan- guir gl'a- man- ti.
chi su- a- vi e re- i oc- chi de- gl'oc- chi mie- i.

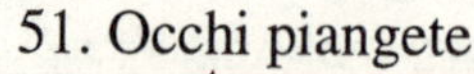

51. Occhi piangete

Anon.

I:Bc, CC.225, 30'-31

1. Oc- chi pian- ge- te Poi che ve- de- te
2. For- se pie- to- sa Don- na re- tro- sa
3. Pur ben a- man- do E so- spi- ran- do
4. Co- sì co- stan- te Son lie- to a- man- te
5. Il cor mi di- ce O in- fe- li- ce
6. Et io fe- de- le A chi è cru- de- le

Don - na che tan- to go- de il mio pian- to
Es- ser po- tri- a La ti- gre mi- a
Sal- lo ch'il pro- va Pie- tà si tro- va
Del pa- ra- di- so Del mio bel vi- so
Co- me t'in- gan- ni Ne pro- prij dan- ni
Sem - pre es- ser vo- glio Nel mio cor- do- glio

E ne so- spi- ri Fa- te che mi- ri Il suo ri- go- re Il
Se non ch'a- vez- za U- sar as- prez- za E co- sa du- ra Can-
Io ch'a- d'o- gn'ho- ra Con- vien ch'io mo- ra Vi- vo con- ten- to Nel
Ne te- mo ho- ma- i Dui fie- ri ra- i Si dol- ce mor- te Mi
Deh pen- sa te- co Ch'A- mor e cie- co E non dar fe- de A
Dol- ce è 'l lan- gui- re Dol- ce e'l mo- ri- re Pur ch'a- mor scoc- chi Stral

vo- stro ar- do- re, il suo ri- go- re il vo- stro ar- do- re.
giar na- tu- ra, e co- sa du- ra can- giar na- tu- ra.
mio tor- men- to, vi- vo con- ten- to nel mio tor- men- to.
da mia sor- te, si dol- ce mor- te mi da mia sor- te.
chi non cre- de, e non dar fe- de a chi non cre- de.
da be- gli oc- chi, pur ch'a- mor scoc- chi stral da be- gli oc- chi.

52. Voi partite sdegniose

Raffaello Rontani

I:Bc, CC.225, 31'-32

Voi par- ti- te sde- gnio- se O guan- cie vez-
Se be- gli oc- chi a- mo- ro- si Non veg- gio pie-
Pren- di mor- te cru- de- le Que- st'al- ma fe-
3
zo- se Hai cru- da sor- te Sen- za
to- si Hoi- me che il co- re Sen- za
de- le Che lie- ta sen vie- ne Al do-
6
voi che fa- rò Se- gui- rò la mia mor-
voi che fa- ra Mo- ri- ra di do- lo-
lor al mar- tir Al mo- rir al- le pe-
8
1.
2.
te, se- gui- rò la mia mor- te. mor- te.
re, mo- ri- rà di do- lo- re. lo- re.
ne, al mo- rir al- le pe- ne. pe- ne.

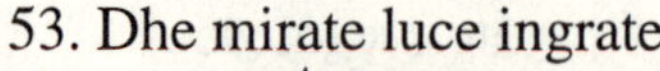

53. Dhe mirate luce ingrate

Anon.

I:Bc, CC.225, 32'-33

1. Dhe mi- ra- te Lu- ce in- gra- te
2. Hai sde- gnio- se hai ri- tro- si
3. Fe- ro ar- do- re strug- ge il co- re
4. Cor fe- ri- to cor tra- di- to

Il do- lor del- la par- ti- ta Mio par- ti-
Voi sprez- za- te il suon di car- mi Lu- ce fie-
Che vien me- no a po- co a po- co Chi m'a- cen-
Fug- gi me- co hor mai par- tia- mo Tua mer- ce-

re mio mo- ri- re Oc- chi bel- li a- i- ta a- i-
re lu- ce al- tie- re Voi gri- da- te a- l'ar- mi a- l'ar-
de nel in- cen- de E pur gri- da al fo- co al fo-
de non ha fe- de Non tar- dia- mo an- diam an- dia-

ta, oc- chi bel- li a- i- ta a- i- ta.
mi, voi gri- da- te a- l'ar- mi a- l'ar- mi.
co, e pur gri- da al fo- co al fo- co.
mo, non tar- dia- mo an- diam an- dia- mo.

54. D'una guancia alma e ridente

Anon.

I:Bc, CC.225, 33'-34

1. D'u- na guan- cia al- ma e ri- den- te Ch'ar- ros- sir fa- cea l'au-
2. Duol ta- ciu- to a mor- te me- na Do- ce A- mor per far- mi ar-
3. Per te sel- ve e mal con- si- glio Des- tar- i- rà in cor di
4. ma ta- cer nul al- tro va- le Che più len- to an- dron- ne a
5
ro- ra E d'un ne- groc- chio lu- cen- te On- d'A- mor suoi
di- to Ma che puo s'io ar- dis- co a pe- na Ri- mi- rar chi
fe- ra Vi è peg- gior dan- no e pe- ri- glio I- ri- tar don-
mor- te Fat- to in- con- tro al dì fa- ta- le O mio cor fa in-
10
stra- li ho- no- ra Por- t'in sen co- cen- te dar- do Ma la
mi a fe- ri- to Ho se mai pren- des- si ar- di- re Di nar-
na guer- rie- ra Se gio- con- da i cor an- ci- de Se fia al-
vi- to e for- te Ben mo- rir m'è do- glia a se- co Fam- mi an-
15
pia- g'on- d'io tut- t'ar- do Pa- le- sar non è ba-
rar il mio mar- ti- re Qual ve- drei l'al- mo sem-
hor ch'a mor- te sfi- de Tut- ta fe- ra e me- nac-
cor co- me un cie - co Gli oc- chi miei tua ben a-
20
stan- te Che fa- rò mi- se- ro a- man- te.
bian- te Che fa- rò mi- se- ro a- man- te.
cian- te Che fa- rò mi- se- ro a- man- te.
man- te Che fa- rò mi- se- ro a- man- te.

55. Ho pur d'or il crin anc'io

Anon.

I:Bc, CC.225, 34'-35

1. Ho pur d'or il crin an- c'i- o
2. Non è cor ch'al mio ta- len- to
3. Ma che pro se 'l mon- do am- mi- ra
4. Se di- ca ne dol- ci pian- ti
4
Pur le guan- cie ho lu- mi- no- se Vi- va ne- v'e
Non fe- ris- ca e non an- ci- da Sol ch'io par- li e
Lo splen- dor di mia bel- lez- za Se mi sde- gnia
Non son dir se nin- fa o de- a D'un tal fo- co il
8
fre- sce ro- se Son le guan- cie e'l pet- to
sol ch'io ri- da L'al- ma ac- cen- do in un mo-
chi se 'n sprez- za Se per al- tri ar- de e so-
ciel ar- de- a Al gi- rar de- gli oc- chi a-
11
mi- o Ri- de A- mor sol col mio ri-
men- to Do- ve splen- de il mio sem- bian-
spi- ra Il mio so- le il mio bel fo-
man- ti Ma le fron- de e l'a- que e i ven-
14
so E le gran- che nel bel vi- so.
te Rat- to o- gn'un vol- ge le pian- te.
co El mio mal si pren- de a gio- co.
i So- spi- ra- ro ai bei la- men- ti.

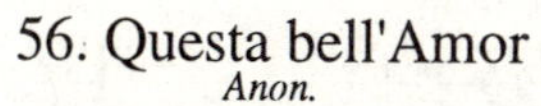

56. Questa bell'Amor

Anon.

I:Bc, CC.255, 35'-36

1. Que- sta bel- l'A- mor che so- spi- rar mi fa, che so- spi- rar mi
2. Dhe non con- sen- tir Che del mio gra- v'ar- dor, che del mio gra- v'ar-
3. Dun- que par- ti- rò Pur lo con- sen- t'o cielo, pur lo con- sen- t'o

4
fa Di mia di- par- ti- ta Più non sen- t'al cor pie-
dor Al- tri go- d'i ra- i Et io ne por- t'ac- ce-
cielo O mio fa- to ri- o Che mi gio- va es- ser fe-

7
tà, più non sen- t'al cor pie- tà, al cor pie- tà.
so il cor et io ne por- t'ac- ce- so il cor, ac- ce- so il cor.
del, che mi gio- va es- ser fe- del, es- ser fe- del.

10
O fa- tal do- lo Chi m'a- i- t'al pian- t'ha-
Al mio gran mar- tir Non ne- gar giu- sta mer-
Ahi che mo- ri- rò Mo- ri- rò ca- ro mio

13
me, chi m'a- i- t'al pian- t'ha- me,
cè, non ne- gar giu- sta mer- ce
ben, mo- ri- rò ca- ro mio ben

16
Fon- t'e fiu- mi e ma- ri La- gri- ma- te voi per
Fa che pre- mio si- a Del mio A- mor la ve- ra
Que- sto sol de- si- o Ch'il mio cor ti vi- va in
21
me, la- gri- ma- te voi per me.
fè, del mio A- mor la ve- ra fè.
sen, ch'il mio cor ti vi- va in sen.

57. Mie speranze lusinghiere

Anon.

I:Bc, CC.225, 36'-37

1. Mie spe- ran- ze lu- sin- ghie- re De- si-
2. Fug- go A- mor em- pio ti- ran- no Ch'io se-
3. Mio di- let- to mio con- ten- to Pres- so un
an- do in van pia- ce- re Fal- si sguar-
guij sol per mio dan- no I mar- ti-
rio di pu- ro ar- gen- to Fia sul- l'er-
di ben che tar- di Di voi sciol- to pur mi
ri i so- spi- ri Le que- re- le, le que-
ba ver- de a- cer- ba Di ri- po- so am- bi- ti-
vol- to Al sen- tir di li- ber- ta- de
re- le Più non fia ch'io pro- vi ma- i
o- so Con- for- tar l'af- flit- ta men- te
E d'A- mo- re sgom- bra il co- re Che lan-
Se di- ver- si io sof- fer- si Già per
On- de l'au- ra ne re- stau- ra Che tra i
guia sen- za pie- ta- de, che lan- guia sen- za pie- ta- de.
lei tor- men- ti e gua- i, già per lei tor- men- ti e gua- i.
fior spi- rar si sen- te, che tra i fior spi- rar si sen- te.

58. Arsi et ardo per voi ma nel ardore

Anon.

I:Bc, CC.225, 37'-38

1. Ar- si et ar- do per voi ma nel ar- do- re
2. Hor chi più non va- gheg- gio il vo- stro pet- to
3. E po- te- te sof- frir ch'i- o mi con- su- mi
4. Dhe tor- na- te tor- na- te a chi v'a- do- ra
4
Un tem- po ri- tro- vai pa- c'e di-
Ne mi- ro lo splen- dor di quel bel
Mi- se- ro sen- za'a- i- ta e stem- pri o-
Las- sa- te ch'io ri- veg- gia il vi- so a-
7
let- to Men- tre pas- sai con voi
vol- to Ar- do sen- za con- for-
gn'ho- ra Gli oc- chi do- len- ti in la-
ma- to Al men sol u- na vol-
10
pla- ci- de l'o- re, men- tre pas-
to e mor- te as- pet- to, ar- do sen-
cri- mo- si fiu- mi, gli oc- chi do-
ta an- zi ch'io moi- a, al men sol
13
sai con voi pla- ci- de l'o- re.
za con- for- to e mor- te as- pet- to.
len- ti in la- cri- mo- si fiu- mi.
u- na vol- ta an- zi ch'io moi- a.

59. Felic'era il mio core

Anon.

I:Bc, CC.225, 38'-39

60. Dhe vieni Clori

Anon.

I:Bc, CC.225, 39'-40

1. Dhe vie- ni Clo- ri Ai dol- ci a- mo- ri
2. Dhe vie- ni in fret- ta Co- me sa- et- ta
3. Dhe vie- ni al pra- to D'o- ro e o- do- ra- to
4. Ec- co io t'as- pet- to A o- gni di- let- to
5
Al- le dol- cez- ze Al- le al- le- grez- ze
Nin- fa a- mo- ro- sa Nin- fa gra- tio- sa
Leg- gia- dra Clo- ri Vien da- gli au- gel- li
Vie- ni vez- zo- sa Nin- fa a- mo- ro- sa
9
Al- li con- ten- ti Al- li con- cen- ti De vie- ni ar-
Vie- ni a go- de- re Dol- ce pia- ce- re De vie- ni al
Ai can- ti bel- li Al fiu- m'al on- de Fre- sce e gio-
Non di- spreg- gia- re Il mio pre- ga- re Vie- ni ve-
14
di- ta Nin- fa gra- di- ta Non più tar- da- re Al- le gio- ie d'A-
fon- te Al bos- co al mon- te Non più tar- da- re Al- le gio- ie d'A-
con- de fre- sce gio- con- de Non più tar- da- re Al- le gio- ie d'A-
lo- ce Al- la mia vo- ce Non più tar- da- re Al- le gio- ie d'A-
19
mor, al- le gio- ie d'A- mor al mon- do ra- re.
mor, al- le gio- ie d'A- mor al mon- do ra- re.
mor, al- le gio- ie d'A- mor al mon- do ra- re.
mor, al- le gio- ie d'A- mor al mon- do ra- re.

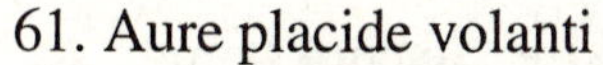

61. Aure placide volanti

Anon.

I:Bc, CC.225, 40'-41

1. Au- re pla- ci- de vo- lan- ti Mes- sag- gie-
2. Ze- fi- ret- ti che scor- re- te Va- ghi fior
3. Un di voi mos- so a pie- ta- de A lei di-
4. S'io m'ap- pres- so al lu- me ar- den- te Gran ter- ror

5 re del- l'Au- ro- ra Che di ro- s'e d'a- ma-
di pa- ra- di- so Poi ch'in ciel por- ta- t'ha-
ca i miei so- spi- ri Lun- ga- men- te al- ta bel-
la lin- gua af- fre- na Al- lei dun- que au- ret- te e

9 ran- ti In- gem- ma- te il sen a flo- ra
ve- te Il va- lor di quel bel vi- so
ta- de Non è rea d'a- spri mar- ti- ri
ven- ti Pa- le- sa- te o- gni mia pe- na

13 Chi di voi gl'ec- cel- s'ho-
Chi di- rà ch'io tac- cio e
Chi di- rà del- la mia
Chi pro- vò d'A- mor lo

16 no- ri Can- te- rà del- la mia Clo- ri.
mo- ro Per- ch'in ter- ra a- do- ro a- do- ro.
fe- de Fin che im- pe- tri un dì mer- ce- de.
stra- le Mo- ve- rà più rat- to l'a- le.

62. Care treccie aura stami

Anon.

IBc, CC.225, 41'-42

1. Ca- re trec- cie au- ra sta- mi Bei le- ga- mi Che ri-
2. Sia- te pur ne- glet- te ad ar- te Chio- me spar- te Ven- til-
3. Bel- le chio- me deh li- ga- te Ca- te- na- te Stret- ta-
4. E se tre- mo- li on- deg- gia- te Fol- go- ra- te Co- sì
5
tor- t'in a- nel- la- ti Di mil- l'al-
lan- do il bel te- so- ro Sia- te ac- col-
men- te un cor sin- cie- ro Che rac- chiu-
va- ghi a gli oc- chi mie- i Che se il cor
9
tri il cor strin- ge- te Di- strug- ge- te I più
ti in bian- chi lu- mi Bion- di cri- ni E- gual-
so in quei bei lac- ci Ca- ri im- pac- ci Il pen-
fe- rir mi sen- to Per con- ten- to Tut- to
13
fred- d'e du- ri pet- ti, i più fred- d'e du- ri
men- te io m'in- na- mo- ro, e- gual-men- te io m'in- na-
sar mi fia leg- gie- ro, il pen- sar mi fia leg-
cor es- ser vor- re- i, tut- to cor es- ser vor-
17
pet- ti.
mo- ro.
gie- ro.
re- i.

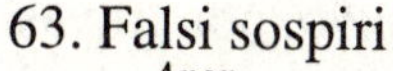

63. Falsi sospiri

Anon.

I:Bc, CC.225, 42'-43

1. Fal- si so- spi- ri E fin- ti sguar- di
2. Fie- ro e cru- del- le Ti- ra- no ar- cie- ro
3. Fal- se lu- sin- ghe E fin- to vi- so

Son l'ar- mi vo- stre son l'ar- mi vo- stre a- mo-
Co- sì tra- di- te, co- si tra- di- te un co-
Ha chi ti se- gue, ha chi ti se- gue o- gn'ho-

re Sol di fie- ri dar- di Ful- mi-
re Fal- so lu- sin- ghie- ro Nun- tio
ra On- de av- vien ch'uc- ci- so Re- sta

na- te il co- re Ahi di- spie- ta- ta sen- za
di do- lo- re Ahi di- spie- ta- ta sen- za
chi t'a- do- ra Ahi di- spie- ta- ta sen- za

fe- de Co- sì in- gan- na- te, co- si in- gan- na- te,
fe- de Co- sì in- gan- na- te, co- si in- gan- na- te,
fe- de Co- sì in- gan- na- te, co- si in- gan- na- te,

co- si in- gan- na- te chi vi cre- de.
co- si in- gan- na- te chi vi cre- de.
co- si in- gan- na- te chi vi cre- de.

64. Se pietad'in voi non trovasi

Anon.

I:Bc, CC.225, 43'-44

1. Se pie- ta- d'in voi non
2. Già per voi ho il cor di
3. Qual bra- ma- te in ter- ra
4. Se per voi oc- chi bel-
5. Ma sin voi pie- ta- de
4
tro- va- si Oc- chi bel- li che fa-
cen- ne- re Ne pur tro- vo in voi pie-
glo- ri- a Se ne- ga- te al- trui mer-
lis- si- mi Por- to fiam- me on- d'ar- de il
de- sta- si Vo- stro ben che preg- gio ha-
8
rò Ahi sel duol in me ri-
tà Ne già mai l'ar- cier di
cè Deh re- ca- te- vi a me-
sen' Ahi per- ché sem- pre a- cer-
vrà Che bel- tà so- la non
12
no- va- si Oc- chi ca- ri io ne mor- rò.
Ve- ne- re Fe- rì il cor d'al- ta pie- tà.
mo- ri- a Oc- chi bel- li la mia fè.
bis- si- ma Mi ne- ga- te il bel se- ren'.
spre- za- si Se non ha d'al- trui pie- tà.

65. Bella Clori non fuggire

Anon.

I:Bc, CC.225, 44'-45

1. Bel- la Clo- ri non fug- gi- re
2. Vie- ni al- l'er- ba del bel fag- gio
3. Deh pie- tà del mio gran fo- co
Ch'io non son fe- ra cru- de- le Son a- man- te son fe-
La- scia an- dar la piag- gia e 'l mon- te Ma po- sian- ci in ri- va al
Deh con- so- la i miei mar- ti- ri Tu ben sen- ti tu ben
de- le E per voi pro- vo il mo- ri- re
fon- te Hor ch'il sol ha cal- do il rag- gio
mi- ri Ch'io mi strug- go a po- co a po- co
Bel- la Clo- ri non fug- gi- re,
Vie- ni al- l'om- bra del bel fag- gio,
Deh pie- tà del mio gran fo- co,
bel- la Clo- ri non fug- gi- re gi- re.
vie- ni al- l'om- bra del bel fag- gio. fag- gio.
deh pie- tà del mio gran fo- co. fo- co.
1.
2.
4
9
13
16

66. S'alcun vi giura cortes'amante

Anon.

I:Bc, CC.225, 45'-46

1. S'al- cun vi giu- ra cor- te- s'a- man- te Ch'in gio- ia e
2. Che lun- g'io go- da da quel bel vol- to Li- be- ro e
3. Chan- giar mia vo- glia ch'hab- bia pos- san- za Mia lon- ta-
4. S'al- cun pre- di- ce ch'il mio de- si- o Nel mar d'o-
6
can- ti mia vi- ta sta Non lo cre- de- te ch'è
sciol- to la li- ber- tà Non lo cre- de- te ch'è
nan- za sua fe- ri- ta Non lo cre- de- te ch'è
bli- o si spe- gne- rà Non lo cre- de- te ch'è
11
va- ni- tà Ma s'al- trui di- ce ch'Eu-
va- ni- tà Ch'a lei ri- vol- ghi tut-
va- ni- tà Ma che mia fe- de né
va- ni- tà Ma ch'il mio fo- co ch'o-
16
ril- la io chia- mi Ch'io pian- g'e bra- ma la sua bel-
ti i pen- sie- ri Ben ch'io di- spe- ri tro- var pie-
ciel né sor- te Né tem- p'o mor- te can- giar po-
gn'al- tro ac- ce- de Con la mia fe- de s'a- van- za-
21
tà Cre- de- te cer- to ch'è ve- ri- tà.
tà Cre- de- te cer- to ch'è ve- ri- tà.
trà Cre- de- te cer- to ch'è ve- ri- tà.
rà Cre- de- te cer- to ch'e ve- ri- tà.

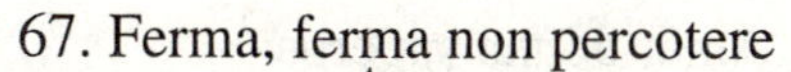

67. Ferma, ferma non percotere

Anon.

I:Bc, CC.225, 46'-47

1. Fer- ma, fer- ma non per- co- te- re Tra le fron-
2. Ta- ci, ta- ci o dol- ce me- ru- la Se pie- ta-
3. Fre- na, fre- na il suon dol- cis- si- mo U- si- gno-
4. Mi- ra, mi- ra ho- mai che tor- na- no Gl'oc- chi a far

d'o- ve bel- tà Ze- fi- ret-
de in te mai fù Run- di- nel-
lo e po- sa il piè E tra i nem-
più bel- li il dì Pur mie not-

ta non ti scuo- te- re Fil- li mia dor- men- do
la o trop- po que- ru- la Ta- ci ho- mai non can- tar
bi ve- lo- cis- si- mo Vo- la via lon- tan da
ti non s'ag- gior- na- no Da quel sol che m'in- va-

sta Sua fie- rez- z'hor non spa- ven- ta- me
più Mia dol- cez- za al- lor di- stru- ge- si
me Ch'el mio cor fia mi- se- ra- bi- le
ghi Mie spe- ran- ze i rai di- sper- do- no

1. 2.

Ne di mor- t'i stra- li av- ven- ta- mi ven- ta- mi.
Che di Fil- li il son- no fu- ge- si fu- ge- si.
Se con- tur- bi il son- no a- ma- bi- le ma- bi- le.
Ma tra l'om- bre si rin- ver- do- no ver- do- no.

68. Amar donna superba

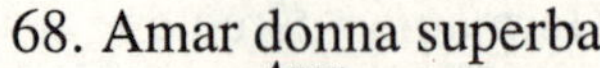

Anon.

I:Bc, CC.225, 47'-48

1. A- mar don- na su- per- ba Con di-
2. Ser- vir don- na in- co- stan- te Sen- z'a-
3. Ser- vir don- na in- fe- de- le Sen- za
4. Pre- gar pian- ger al ven- to Per star
5. Nel mio se- pol- cro si- a Scrit- to in

spie- ta- to A- mor Que- st'è la pe-
mo- r'o pie- tà Que- sto el fin d'un
spe- rar mer- cè Que- sto el pre- mio
al- tri a sen- tir Que- sto el mag- gior
que- sto te- nor Tir- si per don-

n'a- cer- ba Che mi tra- fig- ge il
a- man- te Ch'al- la mor- te sen
cru- de- le Del- la mia sal- da
tor- men- to Ca- gion del mio lan-
na ri- a Vis- si e mo- rì d'A-

cor, che mi tra- fig- ge il cor.
va, ch'al- la mor- te sen va.
fè, del- la mia sal- da fè.
guir, ca- gion del mio lan- guir.
mor, vis- si e mo- rì d'A- mor.

69. O di raggi e di fiammelle

Anon.

I:Bc, CC.225, 48'-49

1. O di rag- gi e di fiam- mel- le Tan- ti a me gra-
2. Vo- stri tre- mo- li splen- do- ri On- de un cor be-
3. Già pio- ve- sti a me se- re- ni Dol- ci net- ta-
4. E 'l bel guar- do che ri- den- te L'al- ba fu del
8
di- ti ar- cie- ri Oc- chi dol- ci e
ar po- te- te Più ver me non
re gra- di- te Per- ché poi fus-
mio gio- i- re Per ve- der- mi o-
14
lu- sin- ghie- ri Ch'ar- ros- sir fa- te le stel- le, oc- chi
ri- vol- ge- te Ne- vi cal- di miei do- lo- ri, più
si no- dri- te D'a- ma- ris- si- mi ve- le- ni, per
ra lan- gui- re S'e fat- to as- pe- ro ca- den- te, per
20
dol- ci e lu- sin- ghie- ri ch'ar- ros- sir fa- te le stel- le.
ver me non ri- vol- ge- te ne vi cal di miei do- lo- ri.
ché poi fus- si no- dri- te d'a- ma- ri- si- mi ve- le- ni.
ve- der- mi o- ra lan- gui- re s'è fat- to as- pe- ro ca- den- te.

70. Deh girate

Anon.

I:Bc, CC.225, 49'-50

71. Chi d'Amor piang'e sospira

Anon.

I:Bc, CC.225, 50'-51

1. Chi d'A- g'e so- spi- ra Pro- v'al cor gio- ia e di-
2. Che s'a- mor cie- co l'an- ci- de E se poi di vi- ta il
3. Se lo stral cru- del l'of- fen- de Dol- ce son pia- gh'e mar-
4. A- mor da gio- ia in- fi- ni- ta Son d'A- mor i ri- si i
let- to Chi d'A- mor cru- del s'a- di- ra Sen- te
pri- va S'a- mo- rir vien che lo sfi- de Nel mo-
ti- ri Se nel cor la fia- ma ac- cen- de Dol- ci ar-
can- ti Vi- ta sol ca- ra e gra- di- ta Con A-
sol dol- cez- z'al pet- to Nel- la guer- r'a pa- ce un
rir an- co l'a- vi- va In un pun- to na- scie e
dor dol- ce so- spi- ri Sen- te pro- va, a tut- te
mor go- don gl'a- man- ti Ch'ar- don sem- pre in dol- ce ar-
co- re Co- sì vi- ve e re- gnia A- mo- re, co- sì
mo- re Co- sì vi- ve e re- gnia A- mo- re, co- sì
l'ho- re Co- sì vi- ve e re- gnia A- mo- re, co- sì
do- re Co- sì vi- ve e re- gnia A- mo- re, co- sì
vi- ve, co- sì vi- ve e re- gnia A- mo- re.
vi- ve, co- sì vi- ve e re- gnia A- mo- re.
vi- ve, co- sì vi- ve e re- gnia A- mo- re.
vi- ve, co- sì vi- ve e re- gnia A- mo- re.

72. Rompa lo sdegno le dure catene

Anon.

I:Bc, CC.225, 51'-52

1. Rom- pa lo sde- gno le du- re ca- te- ne On- d'em- pio A- mo- re
2. Cru- da mo- stra- va del as- pre mie pe- ne Sen- tir do- lo- re
3. Spar- se tal ho- ra le guan- cie e se- re- ne D'un cal- do hu- mo- re
4. Scris- se più vol- te nel o- ri- de a- re- ne Del li- to fuo- re
8
Le- ga l'al- ma e pre- so tie- ne L'af- flit- to co-
Ar- do an- c'io di- ce- a mio be- ne Del vo- stro ar- do-
On- de l'e- gra in- fer- ma spe- me Pren- dea vi- go-
Pri- a ve- drem l'on- de ti- re- ne Ch'io non v'a- do-
15
re Ho vi- st'e sen- ti- to Ch'io so mal gra- di- to
re Ma veg- g'hor pen- ti- to Che fui mal gra- di- to
re Ho pian- to men- ti- to D'in- gan- ni con- di- to
ri I- non- di- si il li- to La fe- de hai tra- di- to
21
e vo- glio un dì l'in- gan- ni suoi sco- pri- re Ahi ch'è me- glio ta-
E do- vrei pur le fro- di sue sco- pri- re Ahi ch'è me- glio ta-
E for- za pur ch'io la- sci il duol u- sci- re Ahi ch'è me- glio ta-
E la mia lin- gua in con- tro al- lei so di- re Ahi ch'è me- glio ta-
27
ce- r'e sof- fri- re, ahi ch'è me- glio ta- ce- r'e sof- fri- re.
ce- r'e sof- fri- re, ahi ch'è me- glio ta- ce- r'e sof- fri- re.
ce- r'e sof- fri- re, ahi ch'è me- glio ta- ce- r'e sof- fri- re.
ce- r'e sof- fri- re, ahi ch'è me- glio ta- ce- r'e sof- fri- re.

72a. Rompa lo sdegno le dure catene

Anon.

Concerti amorosi (Venice: A. Vincenti, 1623), 38-39

1. Rom- pa lo sde- gno le du- re ca- te- ne On- d'em- pio A- mo- re Le- ga
2. Cru- da mo- stra- va del as- pre mie pe- ne Sen- tir do- lo- re Ar- do an-
3. Spar- se tal ho- ra le guan- cie e se- re- ne D'un cal- do hu- mo- re On- de
4. Scris- se più vol- te nel o- ri- de a- re- ne Del li- to fuo- re Pri- a
8
l'al- ma e pre- so tie- ne L'af- flit- to co- re Ho
c'io di- ce- a mio be- ne Del vo- stro ar- do- re Ma
l'e- gra in- fer- ma spe- me Pren- dea vi- go- re Ho
ve- drem l'on- de ti- re- ne Ch'io non v'a- do- ri I-
15
vi- st'e sen- ti- to Ch'io so mal gra- di- to
veg- g'hor pen- ti- to Che fui mal gra- di- to
pian- to men- ti- to D'in- gan- ni con- di- to
non- di- si il li- to La fe- de hai tra- di- to
19
E vo- glio un dì gl'in- gan- ni al- trui ri- di- re Ahi ch'è
E do- vrei pur le fro- di sue sco- pri- re Ahi ch'è
E for- za pur ch'io la- sci il duol u- sci- re Ahi ch'è
E la mia lin- gua in con- tro al- lei so di- re Ahi ch'è
24
me- glio ta- ce- r'e sof- fri- re, ahi ch'è me- glio ta- ce- r'e sof- fri- re.
me- glio ta- ce- r'e sof- fri- re, ahi ch'è me- glio ta- ce- r'e sof- fri- re.
me- glio ta- ce- r'e sof- fri- re, ahi ch'è me- glio ta- ce- r'e sof- fri- re.
me- glio ta- ce- r'e sof- fri- re, ahi ch'è me- glio ta- ce- r'e sof- fri- re.

73. Voi mi dite ch'io non v'ami

Anon.

I:Bc, CC.225, 52'-53

1. Voi mi di- te ch'io non v'a- mi Ma non di- te
2. Quan- te vol- te ho det- to al co- re Per u- scir di
3. Ben cer- cai da lac- ci sciol- to Ri- co- vrar mia
4. Non s'in- col- pi d'al- te- rez- za Il mio cor se
7
s'io po- trò Voi sde- gnia- te ch'io vi bra- mi
ser- vi- tù Non sof- frir mor- tal do- lo- re
li- ber- tà Ma vi- ci- no a quel bel vol- to
tan- to ar- di Ben e rea quel- la bel- lez- za
13
Cru- da leg- g'on- d'io mor- rò La mia
Mi- se- rel non pe- nar più Ei ri-
Si mi vin- ce al- ma bel- tà Di fug-
Che l'ac- ce- se e lo fe- rì Ma ch'in
17
vi- ta fug- gi- rò La- sci- rò que' dol- ci
spon- de il sai ben tu Che sde- gniar chi tan- to a-
gir sua fe- ri- tà Ben ch'io vi- va in tan- ti
lei ri- mi- ri un dì La pie- tà ch'io ne spe-
22
ra- i Non sa- rà pos- si- bil ma- i.
ma- i Non sa- rà pos- si- bil ma- i.
gua- i Non sa- rà pos- si- bil ma- i.
ra- i Non sa- rà pos- si- bil ma- i.

74. Ove ne vai pastor cosi doglioso

Anon.

I:Bc, CC.225, 53'-54

1. O- ve ne vai pa- stor co- sì do- glio- so Per que- sti bo-
2. Raf- fre- na il gran do- lor che ti tra- spor- ta Che se la- scia-
3. Non dub- bi- tar pas- tor per- ché A- mo- re Che co- no- scie il
4. So- no un pen- sier che ven- go da co- le- i Ch'a te man- da

11

schi so- li- ta- rij in- tor- no Pian- gen- do sem- pre mai la not- t'el gior- no?
st'il cor nel- la par- ti- ta Ti por- ta- sti di lei l'al- ma e la vi- ta.
tuo pre- mio e la tua fe- de Mi a dit- to a me che ti vol dar mer- ce- de.
mil- le vol- te il gior- no Ac- ciò af- fret- ti il par- tir al suo ri- tor- no.

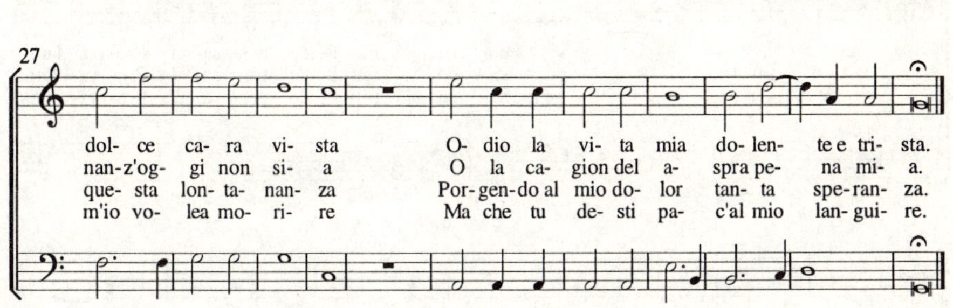
21
Va- do cer- can- do l'a- ni- ma mia ca- ra Che sen- za la tua
Oi- me ch'io pian- go per ch'io gran ti- mo- re Che que- sta lon- ta-
E tu chi sei che vie- ni a con- so- lar- mi Spir- to gen- til in
E tu pen- sier s'a lei ri- tor- ne- ra- i Dir li po- trai co-

27

dol- ce ca- ra vi- sta O- dio la vi- ta mia do- len- te e tri- sta.
nan- z'og- gi non si- a O la ca- gion del a- spra pe- na mi- a.
que- sta lon- ta- nan- za Por- gen- do al mio do- lor tan- ta spe- ran- za.
m'io vo- lea mo- ri- re Ma che tu de- sti pa- c'al mio lan- gui- re.

75. Io son che trovasi

Anon.

I:Bc, CC.225, 54'-55

3
1. Io son che tro- va- si Fil- li che di- ce,
2. Ta- l'hor so- spi- ra- si Ma per dol- cez- za
3. Chia- ri sfa- vil- la- no Be- gl'oc- chi ar- den- ti
3
Ch'a- man- do pro- va- si Sor- t'in- fe- li- ce, sor- t'in- fe- li- ce. Non
Al- lor che mi- ra- si Ra- ra bel- lez- za, ra- ra bel- lez- za; Tut-
Che poi tran- quil- la- no Tut- t'i tor- men- ti, tut- t'i tor- men- ti: Soa-
7
è, non è se- ve- ro Quel nu- me ar- cie- ro Ma tit- to ri- so, e gio- co,
t'è, tut- t'è di- let- to Ch'in- gom- bra il pet- to In o- gni tem- po, e lo- co,
vi, so- a- vi dar- di Son dol- ci sguar- di On- de A- mor trag- ge il fo- co,
10
ma tut- to ri- so, e gio- co Fil- li- de pen- sa- ci Pro- va- l'un
in o- gni tem- po, e lo- co Fil- li- de pen- sa- ci Pro- va- l'un
on- de A- mor trag- ge il fo- co Fil- li- de pen- sa- ci Pro- va- l'un
6
6
16
po- co, Fil- li- de pen- sa- ci pro- va- l'un po- co, pro- va- l'un po- co.
po- co, Fil- li- de pen- sa- ci pro- va- l'un po- co, pro- va- l'un po- co.
po- co, Fil- li- de pen- sa- ci pro- va- l'un po- co, pro- va- l'un po- co.

76. Più non sento del tuo dardo

Anon.

I:Bc, CC.225, 55'-56

3
5
1. Più non sen- to del tuo dar- do Le pun- tu- re in- ni- que A-
2. Già sprez- za- ta è la ca- te- na Che mi av- vin- ce, e mi le-
3. Non fia ver ch'u- n'em- pia fe- ra U- n'in- gra- ta, e dis- le-
4. Se- gua o- mai lo stuol chi vuo- le De tuoi ser- vi oh cie- co ar-
mor Più non ge- lo, più non ar- do Non ho più sog- get- to il
ga E s'io vi- vi in pian- to, e in pe- na La- gri- mar hor più non
al Del mio scem- pio va- da al- te- ra E tri- on- fi del mio
cier Ch'io per me dal- le tue sco- le Al- lon- ta- no o- gni pen-
cor, più non ge- lo, più non ar- do, non ho più sog- get- to il cor.
vò, e s'io vi- vi in pian- to, e in pe- na la- gri- mar hor più non vò.
mal, del mio scem- pio va- da al- te- ra, e tri- on- fi del mio mal.
sier, ch'io per me dal- le tue sco- le, al- lon- ta- no o- gni pen- sier.

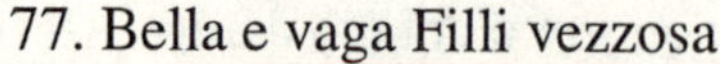

77. Bella e vaga Filli vezzosa

Anon.

I:Bc, CC.225, 56'-57'

1. Bel- la e va- ga Fil- li vez- zo- sa
2. Bel- la, e ca- ra Fil- li mio co- re

5

Fil- li a- mo- ro- sa Deh, deh vol- gi il guar- do,
O mio A- mo- re O-, o- di il mio pian- to

5 6 5 6
♯

10

Mi- ra co- m'ar- do, Ec- co già man- ca Que- st'al- ma stan- ca,
In que- sto can- to E i miei tor- men- ti Fil- li dhe sen- ti

13

Do- na- mi a- i- ta Fil- li mia vi- ta. Che s'ar- do io pe- no, Se
Gia lan- gue il co- re Per rio ti- mo- re S'io par- lo ti pre- go Ti

18

pian- go so- spi- ro, Se lun- gi t'a- do- ro, Se pres- so t'a- mi- ro, Se
ser- vo ti chia- mo Se cru- da, ti se- guo Se fug- gi ti bra- mo Se

21
mi- ro, mi mo- ro
m'o- di, io t'a- mo
Sem- pre son tu- o, Sem- pre sei mi- a,
Sem- pre son fi- do Sem- pre t'ho- no- ro
25
O da lun- gi, O da pres- so, O sij cru- da, O sij pi- a
O se m'o- di, o se m'a- mi O se vi- vo, o se mo- ro
28
Sem- pre sem- pre sei Fil- li mi- a, sem- pre, sem- pre sei Fil- li mi- a.
Sem- pre sem- pre t'a- do- ro, sem- pre, sem- pre t'a- do- ro.

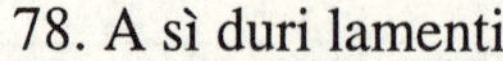

78. A sì duri lamenti

Anon.

I:Baf, MS 1424, 13'-16

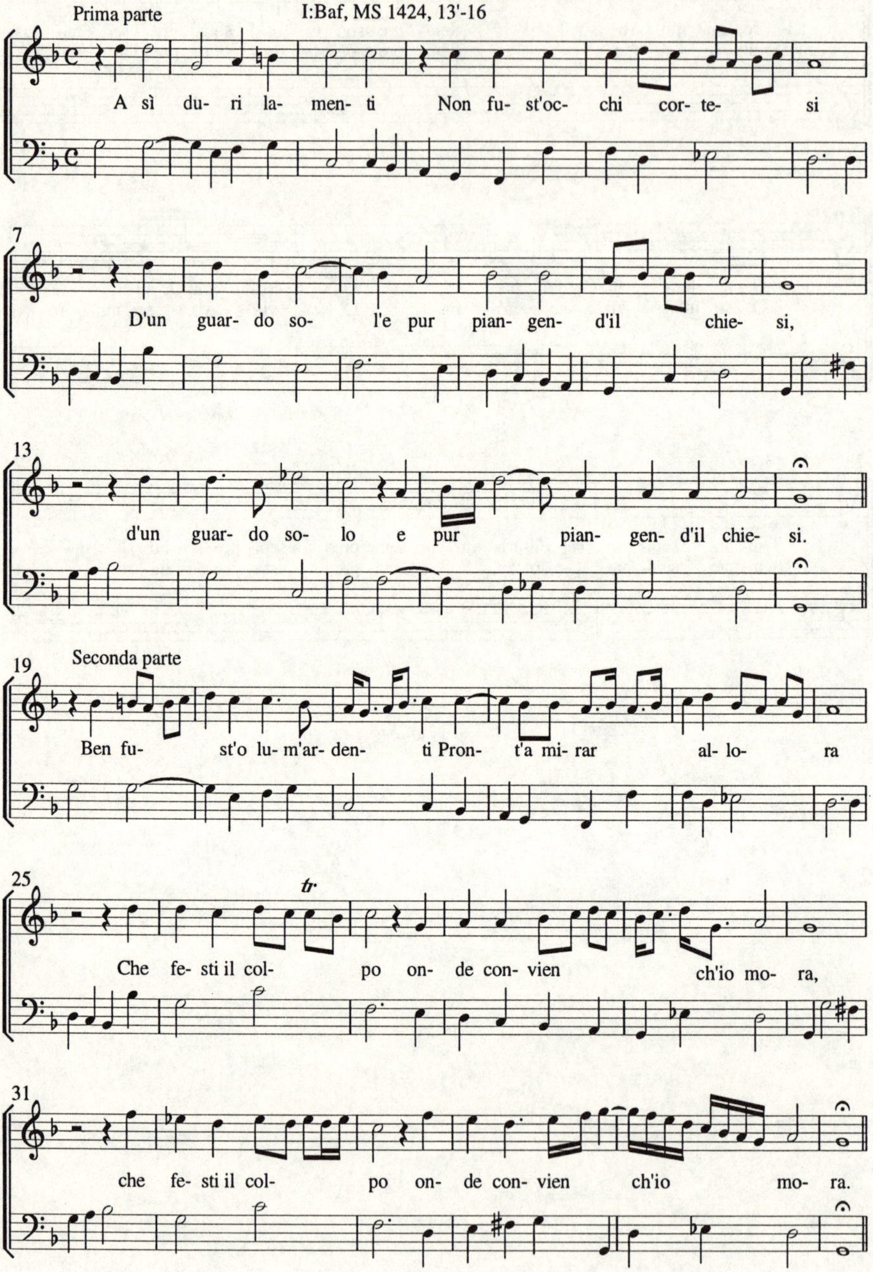

Prima parte

A sì du- ri la- men- ti Non fu- st'oc- chi cor- te- si

7 D'un guar- do so- l'e pur pian- gen- d'il chie- si,

13 d'un guar- do so- lo e pur pian- gen- d'il chie- si.

Seconda parte

19 Ben fu- st'o lu- m'ar- den- ti Pron- t'a mi- rar al- lo- ra

25 Che fe- sti il col- po on- de con- vien ch'io mo- ra,

31 che fe- sti il col- po on- de con- vien ch'io mo- ra.

37
Terza parte
Las- so di lu- ce spen- ti Sem- bra- te hor che vi ad- di- to
43
La pia- g'on- de lan- gui- sce il cor fe- ri- to,
49
la pia- g'on- de lan- gui- sce il cor fe- ri- to.
55
Quarta parte
Sor- d'a- sp'a miei la- men- ti Oc- chi col- p'al mio ma- le
61
Tra- g'a pas- sar- m'il cor d'a- cer- bo stra- le,
67
tra- g'a pas- sar- m'il cor d'a- cer- bo stra- le.

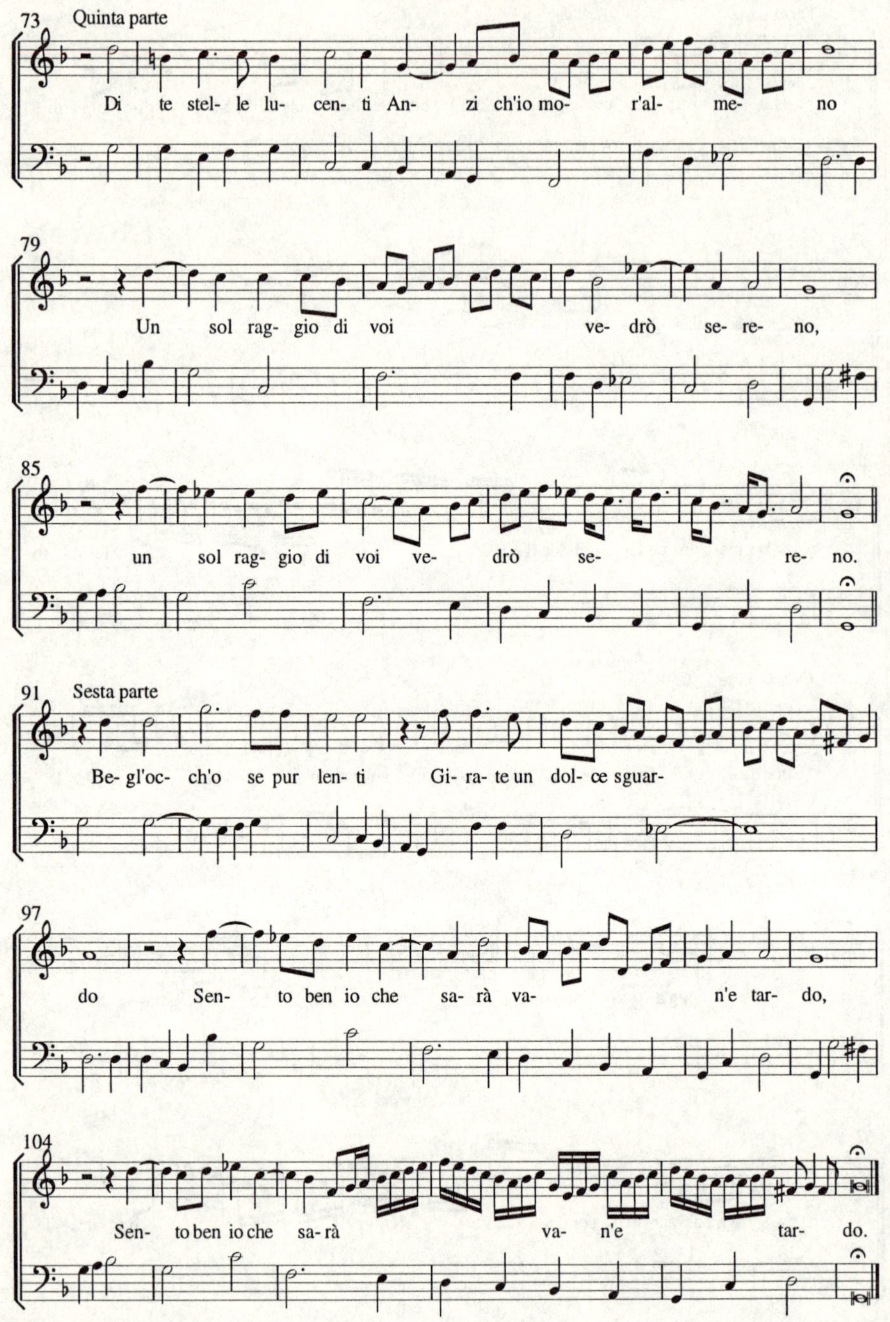
73
Quinta parte
Di te stel- le lu- cen- ti An- zi ch'io mo- r'al- me- no
79
Un sol rag- gio di voi ve- drò se- re- no,
85
un sol rag- gio di voi ve- drò se- re- no.
91
Sesta parte
Be- gl'oc- ch'o se pur len- ti Gi- ra- te un dol- ce sguar-
97
do Sen- to ben io che sa- rà va- n'e tar- do,
104
Sen- to ben io che sa- rà va- n'e tar- do.

78a. A sì duri lamenti

Anon.

I:Bc, Q140, 12'

A sì du- ri la- men- ti Non
6
fu- st'oc- chi cor- te- si D'un guar- do
10
so- l'e pur pian- gen- d'il chie- si.

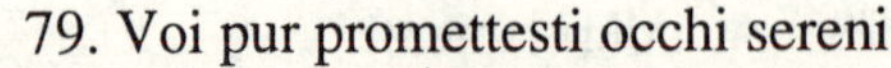

79. Voi pur promettesti occhi sereni

Anon.

I:Baf, MS 1424, 19'-22

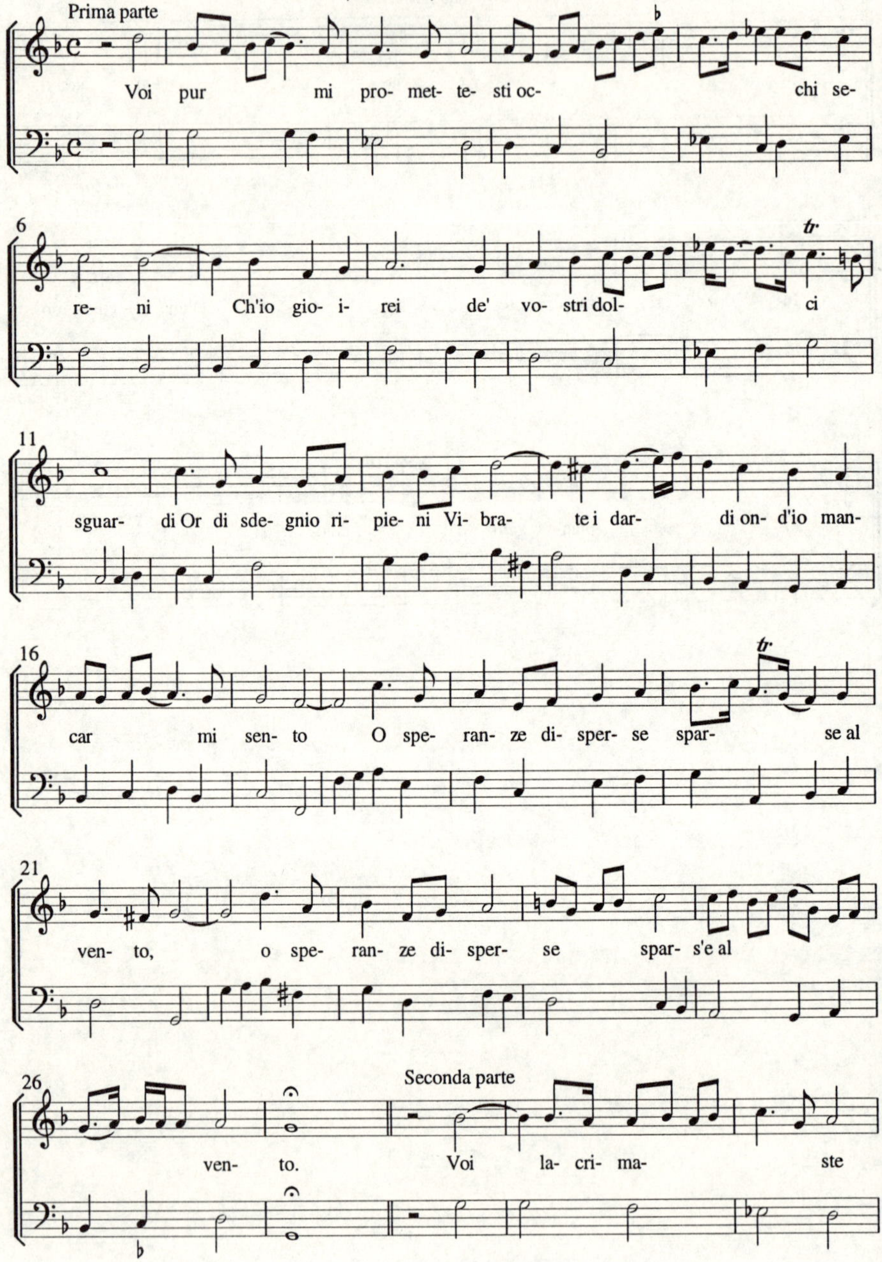

Prima parte

Voi pur mi pro- met- te- sti oc- chi se-

6 re- ni Ch'io gio- i- rei de' vo- stri dol- ci

11 sguar- di Or di sde- gnio ri- pie- ni Vi- bra- te i dar- di on- d'io man-

16 car mi sen- to O spe- ran- ze di- sper- se spar- se al

21 ven- to, o spe- ran- ze di- sper- se spar- s'e al

26 ven- to.

Seconda parte

Voi la- cri- ma- ste

31
oc- chi miei ca- ri On- d'io chia-
35
mai fe- li- ci il mio dolo- re Or di la- cri- me a- va- ri Pia- ga-
41
t'il co- re è già di vi- ta spen- to O spe-
46
ran- ze di- sper- s'e spar- se al ven- to, o spe- ran- ze di- sper-
51
se spar- s'al ven- to. Voi
Terza parte
56
che di fiam- me il cor nu- dri- te a- man- ti

61
D'A- mor spe- ran- d'un im- mor- tal mer- ce- de
6
66
tr
Non cre- de- te a quei pian- ti Che non han fe- de e tal al fin mi
71
pen- to Ahi che spe- men- do a- man- te nu- bi al ven- to,
76
ahi che spe- men- do a- man- te
79
nu- bi al ven- to.
6

80. Ben fuggirsi vedran la nev'e 'l gielo

Anon.

I:Baf, MS 1424, 22'-26

34
ro- ce Già non ve- drò men fe-
39
ra La mia ne- mi- ca al- te- ra, già non ve- drò, già non ve-
45
drò men fe- ra la mia ne- mi- ca, la mia ne- mi- ca al- te-
50
Terza parte
ra. Ve- do pian- ger i sas- si a miei la- men- ti Fer- ma- re
57
fiu- mi e so- spi- rar i ven- ti Ma né so- spi- ri, ma né so- spi-
63
ri o pian- to In lei ve- der mi van- to, ma né so-

69
spi- ri, ma né so- spi- ri o pian- to in lei ve- der mi van-
74
Quarta parte
to. D'o- gni pe- na mor- tal ve- drò fi- ni-
80
re Ma non spe- ro mai tre- gua al mio mar- ti- re Nel fiu- me
87
del o- bli- o Spe- gnie- rà il fo-
92
co mi- o, nel fiu- me del o- bli- o spe- gnie- rà il
97
fo- co mi- o.

81. Questa ch'el cor misura

Stefano Landi

I:Baf, MS 1424, 26'-29

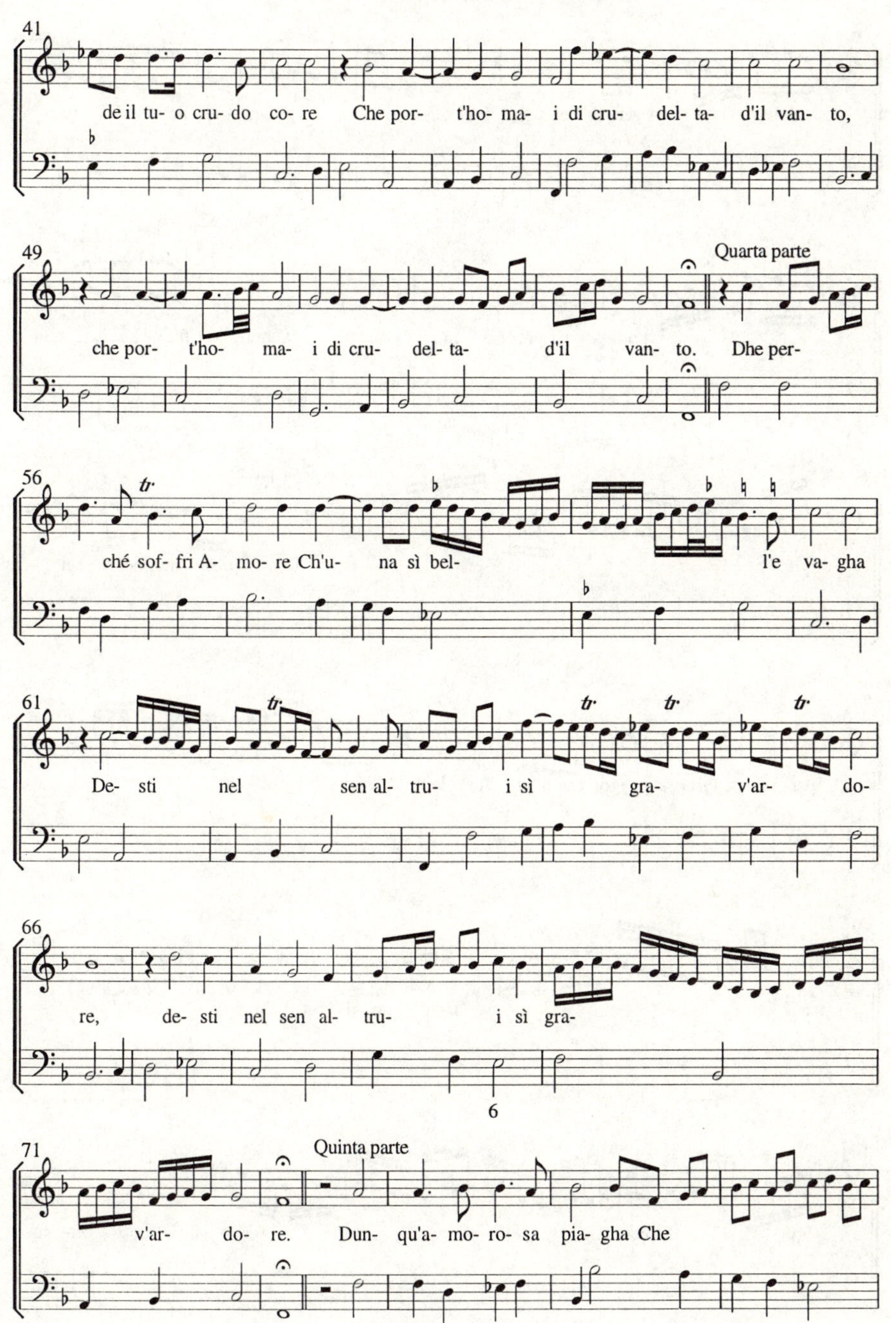
41
de il tu- o cru- do co- re Che por- t'ho- ma- i di cru- del- ta- d'il van- to,
49
Quarta parte
che por- t'ho- ma- i di cru- del- ta- d'il van- to. Dhe per-
56
ché sof- fri A- mo- re Ch'u- na sì bel- l'e va- gha
61
De- sti nel sen al- tru- i sì gra- v'ar- do-
66
re, de- sti nel sen al- tru- i sì gra-
71
Quinta parte
v'ar- do- re. Dun- qu'a- mo- ro- sa pia- gha Che

77
sol por- ger- li le- sto D'e- ter- na mor- te fia
6
82
nun- tia pre- sa- ga, d'e- ter- na mor- te fia nun-
88
Sesta parte
tia pre- sa- ga. Tem- pr'A- mor nel bel
93
pet- to Quel ri- gor che m'of- fen- de E fal- lo di pie-
99
tà fi- do ri- cet- to, e fal-
tr
104
lo di pie- tà fi- do ri- cet- to.

82. Felice chi discior tra fiamme ardenti

Stefano Landi
I:Baf, MS 1424, 32'-35
Prima parte
Fe- li- ce chi di- scior tra fiam- me ar- den- ti Può
da li- be- ro cor li- be- r'ac- cen- ti E rad- dol- cir pian- gen- do a-
spri tor- men- ti, e rad- dol- cir pian- gen- do a- spri tor- men- ti, a- spri tor- men-
ti.
Seconda parte
Ar- d'e l'ar- dor nel sen rac- chiu- g'ho cie- lo
E sol s'un- qua mi dol- g'e mi que- re- lo
O- don i miei so- spir la ter- r'e 'l cie- lo, o-

44
Terza parte
don i miei so- spir la ter- r'e cie- lo. Ro- mi- t'a- man- t'in
51
er- ma val o in li- do Spar- go so- spir di
57
fo- co e pian- g'e gri- do Ma do- v'al- tru- i m'a- scol- ta e
64
can- t'e ri- de, ma do- v'al- tru- i m'a- scol- ta e
70
Quarta parte
can- t'e ri- de. Tre- m'e stri- de nel fo- co il
76
ca- st'al- lo- ro Pian- g'a- van- t'il mo- rir ci- gnio ca-

83
no- ro Et io deb- bo ta- cer ch'a- vam- p'e mo-
90
ro, et io deb- bo ta- cer ch'a- vam- p'e mo- ro.
97
Quinta parte
Cru-d'A- mor em- pia leg- ge hai de- stin ri- o
103
Ma ta- ci hoi- mè che fai ta- ci cor mi- o Chiu- di la
110
nob- bil fia- m'el bel de- si- o, chiu- di la
116
nob- bil fia- m'el bel de- si- o.

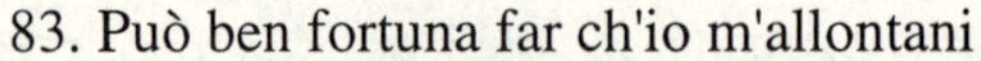

83. Può ben fortuna far ch'io m'allontani

Cesare Marotta

I:Baf, MS 1424, 46'-48

Prima parte

Può ben for- tu- na far ch'io m'al- lon- ta- ni E var- chi ma- r'e

7

fiu- mi e mon- ti e ma- ri Ma non che l'al- ma mi- a Sem- pre

13

con voi non si- a, ma non che l'al- ma mi- a sem- pre

19

con voi non si- a.

Seconda parte

Can- gi pur lo- co o

24

ciel vi- ta e sem- bian- te Non can- ge- rà que- sto

28

mio cor co- stan- te In a- mo- ro- se tem- pre Sì ch'io

34
non a- mi sem- pre, in a- mo-
38
ro- se tem- pre Sì ch'io non a- mi sem-
42
Terza parte
pre. Ne per- der pos- s'il sol di quel bel vol-
tr
47
to Se da- gl'oc- chi del cor non mi vien tol- to
tr
52
Che vel im- pres- s'A- mo- re Quan- do fè vo-
56
stro il co- re, che vel im- pres- s'A- mo- re quan- do

61
tr
tr
[Quarta parte]
fe vo- stro il co- re. Vo- stro con- vien ch'io
66
vi- va e vo- stro mo- ia E se si può do- poi la
70
mor- t'an- co- ra D'a- mo- ro- so de- si-
75
o Ar- de- ra 'l ce- ner mi-
78
o, d'a- mo- ro- so de- si- o ar- de- ra 'l
82
ce- ner mi- o.

84. Se 'l dolce sguardo di costei m'ancide

Gioseppino *Cenci*
I:Baf, MS 1424, 50'-53
with gaps left by a missing folio

[Prima parte]
Se 'l dol- ce sguar- do di co- stei m'an- ci- de E le so- a- vi pa- ro-
8
let-t'ac- cor- te E s'A- mor so- pra me la fa sì for- te Sol quan- do
16
par- la o- ver quan- do sor- ri- de,
23
e s'A- mor so- pra me la fa sì for- te sol quan- do par- la o-
30
ver quan- do sor- ri-
35
Seconda parte
de Las- so che fi- a se for- s'el- la di- vi- de O

43
per mia col- pa o per mal- vag- gia sor- te Gl'oc- chi suoi dà mer- cè
50
si che di mor- te La do- v'hor m'as- si- cu- ra al hor mi sfi- de,
58
gl'oc- chi suoi dà mer- cè sì che di mor- te la do- v'hor
63
m'as- si- cu- ra al- hor mi sfi- de.
Terza parte
Pe- rò si
70
tre- mo e vò col cor ge- la-
78
ra Que- sto te- mer d'an- ti- che pro- v'e na-

86
to
94
[Quarta parte]
103
so sta- rò
In cor di
110
don- na pic- ciol tem- po du- ra
118
127
du- ra.

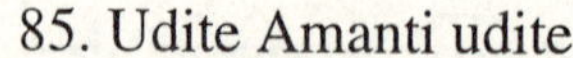

85. Udite Amanti udite

Anon.

I:Ru, MS 279, 9-16'

U- di- te A- man- ti u- di- te Per le piag- gie fio-

4 ri- te Del- la ma- ter- na Gni- do Er- ra- va il bel Cu- pi- do Fe- ri-

7 va hor que- sti hor quel- li De' vo- la- to- ri au- gel- li Ma de stra- li il più

10 for- te, Sem- bra- va dar- mi mor- te Ec-

13 co vid- de u- na ro- sa Ch'in su la sie- pe om- bro- sa

16 Spar- sa da vi- vo gie- lo In- na- mo- ra-

19
v'al cie- lo Par- te te- ne- a ce- la- te Del- le
22
pom- pe o- do- ra- te E par- te al sol a- pri- va La
25
por- po- ra na- ti- va Sì bel- la e- ra sì va- ga Che sti-
28
mo del- la pia- ga Del piè di Ci- te- re- a L'o- stro ch'in lei
31
ve- de- a Per co- glier il bel fio- re
34
Ste- se la ma- n'A- mo- re Al- l'or un A- pe a- sco- sa

37
En- tro la bel- la Ro- sa Sus- sur- ran- do per i- ra Ver- so di lui si
40
mi- ra Spie- gar il leg- gier vo- lo E con im- men- so duo- lo Su
43
le sue la- bra giun- ta Fe- ril- lo d'u- na pun- ta Che fe- ce al- l'hor che
46
dis- se Poi che l'a- pe il tra- fis- se Il mi- se- ro Cu-
49
pi- do D'un al- tis- si- mo gri- do Par- ve fe- rir' le
52
stel- le Del- le dui lu- ci bel- le Ver- so d'un pian- t'un ri- vo

55
D'o- gni dol- cez- za pri- vo Cor- se al- la ma- dre in se- no E- co- sì dis- se pie-
58
no D'un a- spra do- glia, e ri- a O
61
ma- dre o ma- dre mi- a Io mi sen- to mo- ri- re
64
Ohi- mè che gran mar- ti- re Par- lar non mi con- sen- te Un
67
pic- cio- lo ser- pen- te C'ha tra le ro- se al- ber- go Al- la- to an- ch'e- gli il ter- go
70
m'ha fe- ri- to le la- bra E cre- do an- cor che m'ab- bia av- ve- le-

73
na- to il co- re Tal spro do- lo- re,
76
Sur- ri-se el- la al suo det- to Poi dis- se par- go- let- to, O par- go- let- to
79
bel- lo An- cor ch'un ser- pen- tel- lo Un ser- pen- tel- lo a- la- to, Sei tu
82
ch'o- ra ce- la- to Tra le ro- se d'un vol- to O- ra nel gi- ro ac-
85
cor- to Di dui lu- ci bru- net- te E pun- tur e sa-
88
et- te Al- l'al- me av- ven- ti ho- gn'ho-

91
ra Hor' se tan- to t'ac- co- ra Del- le la- bra il do-
94
lo- re Qual d'un fe- ri- to co- re Pen- si che sia la
97
pe- na Ma ta- ci
100
al pian- to af- fre- na Fi- glio se mi pro- met- ti Quan- do l'al- me sa-
103
et- ti A- sper- ger' di dol- cez- za Lo stral' non d'a- ma- rez- za Di co-
106
tan- to mar- ti- re Ho- r'hor ti vo gua- ri- re.

109
Per non sen- tir l'ar- su- ra De- l'a- cer- ba pun- tu- ra Per lo ma-
112
ter- no no- me Per gl'oc- chi, e per le chio- me A- mor' sol di di-
115
let- ti Giu- rò fe- rir nei pet- ti, Al-
118
l'or' del va- go vi- so Lam- peg- gian- d'un sor- ri- so Il la- bro
121
tu- mi- det- to Del gen- til' par- go- let- to Ba- ciò Ve- ne- re
124
bel- la Non co- sì to- sto quel- la So- a- vis- si- ma boc- ca

127
Il pu- ro ba- cio scoc- ca, Che da quel- l'ad- dol- ci- ta, E
130
la cru- del fe- ri- ta Si fug- g'in un mo- men- to Il no-
133
io- so tor- men- to E li- be- ro dal duo- lo Ri- pi- glia A-
136
mor il vo- lo
139
Ma- dre trop- po pie- to- sa Ma- dre
142
trop- po a- mo- ro- sa Do- ve- v'in tal mar- ti - re La-

145
sciar- lo pur mo- ri- re Né mai por- ge- r'a- i- ta Al-
148
la cru- del fe- ri- ta Sap- pi ch'in a- ria i ven- ti Por-
151
to- no i giu- ra- men- ti Del tuo fi- glio in- fe- de- le Ahi-
154
mè che più cru- de- le Vi- bra l'ar- den- te stra- le E vuol d'o- gni mor- ta- le
157
Del sof- fer- to do- lo- re Por- ti le pe- ne al co- re
160
O fan- ciul sen- za fe- de Se mai ri- vol- gi il

163
pie- de Do- ve un pra- to s'in- fio- ra Io pre- go io pre- go al- l'ho- ra Che non
165
A- pi ti mor- da Ma che Vi- pra in- gor- da Al co- lo ti s'av- ven- ti
168
On- de tra fie- ri den- ti Al fin tu ven- ga me- no Fan- ciul d'in- gan- ni
171
e di per- fi- dia pie- no.

86. Tu parti Anima mia

Anon.

I:Ru, MS 279, 24'-31

37
Terza parte
del tuo pet- to. Tu par- ti, a-
43
ni- ma mi- a Ne ve- g'o- pra'o ri- te- gnio D'A- mo- r'o di for-
49
tu- na On- d'io spe- ri fu- gir' l'o- ra spie- ta- ta Che trar' po- tram- mi la bel-
55
Quarta parte
lez- z'a- ma- ta. O se voi lin- gue ha- ves- si Bel- le ri- ve del Te- bro
4 3
63
O- v'in grem- bo al- le gra- tie Heb- be co- stei le fa- scie, e lat- te beb- be
68
Tra guai no- te u- di- rei Del mio do- ler- vi- e-più del vo- stro dan- no Si- cu- re ho-

73
mai che da quel piè leg- gia- dro, Più toc- che non sa- re- te Ne mai dal ap- pa-
78
rir di quel se- re- no An- ge- li- co sem- bian- te Ve- dre- te a- prir- s'i fio- ri
82
Quinta parte
dal- le pian- te. Ben poi vi- ta mia ca- ra In pa- ra- gon' del in- sen- sa- te co-
88
se In- mag- gi- nar' lo sta- to In cui las- so ri- man- go Quan- do pur' mi con-
93
dan- ni Al fier' de- sti- no Bre- ve mo- men- to, a tra- r'ha- vrà di
7 6
97
vi- ta Poi che da me sa- rai cor mio par- ti- ta.

103
Sesta parte
Io per me più non chieg- gio A pra- ti fio- ri e l'er- be Al- le fon- ta- ne i ri- vi, i
108
pu- ri ar- gen- ti Più non bra- mo di stel- le Mi- ra- r'il cie- lo a-
113
Settima parte
dor- no Né più de- sio che per me splen- da il gior- no. Per me non can- ti au-
118
gel- lo Ne sus- sur- ro gen- til ne mor- mo- ri- o For- mi- no l'au- re, e
123
l'on- de, Né mai mu- si- ca ce- tra, E ca- no- ra fa- vel- la al- cu- no e-
128
spri- ma, Sia- si pur ciò ch'io mi- ro, E cio ch'io sen- to tut- to Or-

Ottava parte
ror' tut- to duol pian- to, e spa- ven- to. Que- sto pe- rò
sì tor- men- to- so in- fer- no Ha- vrà pur do- n'in par- te io me- no il sen- ta,
Se la dol- ce spe- ran- za Ch'io ti ri- veg- gia un dì non m'ab- ban-
do- na, E che la ca- ra ri- mem- bran- za in tan- to Del no- stro ar- den- te a- mo-
re Tu mai non m'ab- bia a can- cel- lar dal
Nona parte
co- re. Or' nul- l'al- tro mi re- sta, A de- si- ar' con-

163
for- to Se non ch'in que- sto pun- to, Nel mio do- lor' t'in- ter- ni
168
E con le tue le pe- ne mie con- giun- ga, Sì che
173
dop- pia pie- ta- de al cor' ti scen- da E co- la tro- v'il pian- to, o- v'e- gli al- ber-
178
ga, O me tra le mi- se- rie av- ven- tu- ra - to, Se dal - la ca - ra
183
boc - ca, Tut - ta di bel - le la - gri - me con - spar - sa, Sen - ti - rò dir - m'in
186
suon' do - len - te, e pi - o Re - sta in pa - ce mia vi - ta, io par -
193
to, io par - to, io par - to a - di - o.

87. Infelice colui che s'innamora

Anon.

I:Ru, MS 279, 33-36'

39
de Vis- si gran tem- po a- man- te Fe- del fer- m'e con- stan- te
45
E sol tor- men- ti e pe- ne Per mer- ce-d'heb- bi D'A- mor che
50
ne so- spiran- co- ra In- fe- li- ce co- lui che s'in- na- mo-
56
Terza parte
ra. Fug- gi- te a- man- ti an- cor Ca-
61
gion d'o- gni do- lor d'o- gni mar- ti- re E in dol- ce li- ber- ta-
68
de La vo- stra ver- d'e- ta- de Lie- ti go- de- te o- gn'hor con

73
gran con- ten- to Can- tan- d'al- le- gri poi di- re- te o- gn'ho- ra
78
Quarta parte
O'in- fe- li- ce co- lui che s'in- na- mo- ra. Che gio- v'a- mar con
85
fè Ser- vir sen- za mer- cè gran tem- po a- mo-
91
re Spe- me fal- la- c'e va- na Dal ben sem- pre lon- ta- na
97
Sol ne pro- met- te A- mor con vi- vo ar- do- re Co- sì per ben a- mar A- mor
103
ri- sto- ra O'in- fe- li- ce co- lui che s'in- na- mo- ra.

88. Chi vuol veder il sole

Giov*anni* Domenico *Puliaschi*

I:Ru, MS 279, 45-48

Parte prima
Chi vuol ve- der il so- le In ne- gro ve- l'av- vol- to Mi-
8
ri la don- na mia ch'il cor m'a tol- to Che se ben mo- str'al-
16
l'ha- bi- to do- lo- re Nel vi- so, e gio- ia, e ne' be- gl'oc- chi A- mo- re, nel
24
Seconda parte
vi- so, e gio- ia, e ne' be- gl'oc- chi A- mo- re. Ve- drà
31
co- me lu- cen- te In quel ce- le- ste vi- so Por- ta la bel- la
38
don- na il pa- ra- di- so Che an- cor che sia

45
di te- ne- bre ve- sti- ta Nel man- to a mor- te e nel sem- bian- te ha
52
vi- ta, nel man- to a mor- te e nel sem- bian- te a vi-
58
Terza parte
ta. E di- ca pur che por- ta Sol per far- si a-
64
dor- no Nel man- to del- la mor- te il chia- ro gior- no Ch'al-
72
l'hor mi- ran- do quel- le lu- ci bel- le Di- rà che di splen- dor pas-
79
son le stel- le, di- rà che di splen- dor pas- son le stel-

86
Quarta parte
le. Poi mi- ran- do il bel vi- so S'in- chi- ni a quei splen- do-
92
ri Che nes- sun può mi- rar che non gli a- do-
98
ri E di- ca un che per te si strug-
103
ge in pian- to Ti die- de il co- re hor ti con- sa- crò il can- to, ti die-
110
de il co- re hor ti con- sa-
114
crò il can- to.

89. Tu dormi e 'l dolce sonno

Cesare Marotti [Marotta] or *Jacopo Peri*

I:Ru, MS 279, 48'-52'

25
dor de- gli ar- gen- ta- ti ra- i non mi mi- ri e te sta- i, e te sta- i Sor- d'al duol
29
che m'ac- co- ra Io sen- to e veg- g'ho- gnor l'au-
33
ra e l'au- ro- ra.
Seconda parte
Tu dor- mi e non a- scol- ti
37
Ma che pian- go e so- spi- ro e pian- g'e
41
bra- mo E nel al- to si- len- tio ho-
45
ra ti chia- mo Ben a pro- fon- d'o- blio

49
Fil- li se- pol- to i tuoi sen- si vi- ta- li E pro- va in va-
53
no de- star In te pie- ta- de al- ma che mo- re
57
Non è Fe- bo lon- ta- no Vien l'al-
61
ba rug- gia- do- sa Ma che dor- m'e ri- po- sa Non
65
pian- g'in- dar- no i suoi tor- men- ti in co- re E se non sen- ti
69
tu, e se non sen- ti tu mi sen-

73
t'A- mo- re, mi sen- t'A- mo-
77
Ultima parte
re. Tu dor- mi et io pur pian- go O
81
bel- la ò del mio cor dol- ce tor- men- to E s'al mio pian-
85
to mo- vo il ciel in- ten- to En- tro piu- me d'o- do- ri Tu ri- po- s'il bel
89
fian- co Io fra mil- le do- lo- ri Sen- to sen- za pie- tà ve- nir-
93
mi man- co O son- no o tu che por- ti pa- ce ai

97
co- ri E le men- t'e- gre con- for- ti
101
Te non chia- mo gia- mai, te non chia- mo gia- mai ma sol de-
105
si- o Che i miei so- spi- ri ac- que- ti il mo- rir
107
mi- o, ma sol de- si- o che i miei so- spi- ri ac- que-
111
ti il mo- rir mi- o.

90. Amor io ben sapea

Stefano Landi

I:Ru, MS 279, 53-56

37
Mi- ra- te va- gheg- gia- te Lim- pi- do ru- scel- let- to
43
Che per- le a l'on- de et a- la- ba- stro il let- to,
49
Che per- le a l'on- de et a- la- ba- stro il let- to.
55 Terza parte
Ma qual m'ad- di- ta A- mo- re Mi- ra- co- lo stu- pen- do
61
Voi ser- ba- te pian- gen- do, Oc- ch'il vo- stro splen- do- re
67
O ma- ra- vi- glie no- ve Ve- der un cie- lo che

73
sen- za nu- be pio- ve, ve- der un cie- lo che
79
Quarta parte
sen- za nu- be pio- ve. Ca- de- te pur Ca- de- te
85
E in per- pe- tuo nem- bo Su quel vez- zo- so grem- bo
91
Pio- ve- te pur pio- ve- te Ma tem- pe- ra- te un po- co
97
Del em - pio cor col vo - stro giel il fo - co,
103
del em - pio cor col vo - stro giel il fo - co

91. Dhe mira egli cantò spuntar la rosa

Belardin' [Giovanni Bernardino] Nanino

Torquato Tasso, *Gerusalemme liberata*, XVI, 15

I:Ru, MS 279, 56'-60'

34
zi Fu da mil- le don- zel- l'e mil- le a- man- ti, fù
39
tr
tr
da mil- le don- zel- l'e mil- l'a- man-
42
Terza parte
ti Co- si tra- pas- sa al tra- pas- sar d'un gior- no De
48
la vi- ta mor- tal il fior e ver- de Né par che fac- cia in die-
53
tro a- pril ri- tor- no Si
56
ri- no- vel- la mai né si rin- ver- de, si ri- no-vel-

60
la mai né si rin- ver- de
65
Quarta parte
Co- glian' la ro- sa in su 'l mat- ti-n'a- dor- no Di
70
que- sto o to- sto il se- ren per- de Co-
74
glian' D'A- mor la ro- sa a- mi hor quan- do Es-
78
tr tr
ser si puo- te ri- a- ma-to a- man- do, es- ser si puo-
82
te ri- a- ma- to a-man- do.

92. Pascomi di sospir languendo e debile

Francesca Caccini

I:Ru, MS 279, 61-68'

[Tirsi]
Pa- sco- mi di so- spir lan- guen- do e de- bi- le E pas- sai gior- ni
tri- sti la- men- tan- do- mi E me- nò vi- ta do- lo-
ro- s'e fle- bi- le E tu cru- del tu rig- gi- d'a- scol- tan- do- mi
Non ti mo- vi a pie- tà Fil- li bel- lis- si- ma Di- sprez- zan- do- mi o-
gn'hor più sem- pr'o- dian- do mi E in quel a- spro ri-
gor' fer- m'e sal- dis- si- ma Ve- der- mi pur ho- mai ti fia pos-

25
si- bi- le Ver- sar del sen que- st'al- ma fe- de- lis- si- ma
29
Filli
Ch'ar- se per te di fo- co i- ne- sti- ma- bi- le Si mi pia- ce il tuo
6
6
♯6
33
can- to Ch'io sen- to, io sen- to Tir- si Sen- to il co- re par-
♭
37
Tirsi
tir- si. Ma più ti pia- ce il pian- to Ma par il pian- to
41
mi- o Per il mio can- to Per le tue lu- ci a- ma- te Per gl'au- ra- ti tuoi cri- ni
46
Per que- st'al- mi ru- bi- ni Di tue la- bra ro- sa- te In- chi- ni a prie- ghi

49
tr
Filli
miei la tua pie- ta- de. Non
53
ho di pie- tra il co- re Non l'ho di dia- man- te Son
6
57
fa- t'al fi- n'a- man- te al tuo fe- de- l'A- mo- re Al tuo can- to al tuo pian- to
6
61
Tirsi
al tuo do- lo - re. O fe-
65
li- ce o be- a- to Io t'ho pur vin- t'un dì Ho quel co- re spez- za-
♯6
70
to Ch'A- mor' mai non fe- rì o for- tu- na- to
6

73
me s'al pre- gar mi- o Tu mu- ti al fin de- si- o Tu can- gi al
6 6
77
fin pen- sie- ro O for- tu- na- to me Fil- li s'è
81
Filli
ve- ro. Nol deb- bo più ne- ga- re Ch' io ti pos- so ce- la- re For- z'è che io deb- b'a-
85
mar chi m'a- mò tan- to Chi ver- sò tan- to pian- to
♯
89
Spar- se tan- ti so- spi- ri Sof- frì tan- ti mar- ti- ri E fu
6 6
93
pre- s'al mo- ri- re Già co- min- ciò a lan- gui- re Già mi
6

97
sen- to man- ca- re E non so più par- la- re io par- to a-
♮ 6 6
101
Tirsi
di- o. Non par- tir non par- tir che ven- g'an- ch'i- o.
♯
105
Tirsi seguita
Chiu- di- mi A- mor nel se- no i miei con- ten- ti Ch'io mai non
109
lo di- rò Ne pa- le- sar gai- mai ch'a miei la- men- ti Fil- li
6
113
mia si pie- gò Ta- ce- te sel- ve voi ta- ce- te o ven- ti, ta- ce-
♯6 6
117
seguita
te o ven- ti Non fia gia- mai ch'il

121
mio gio- ir rac- con- ti Nol rac- con- te- rò
125
ta- ce- te ri- ve, E col- li piag- g'e tron- chi Che cer- to io
129
ta- ce- rò Ta- ce- te fiu- mi voi ta- ce- te o fon- ti, ta- ce-
6
6
133
te o fon- ti.

93. Io v'amo anima mia

Stefano Landi

I:Ru, MS 279, 77-80'

34
ahi las- so Chiu- da la vo- ce en- tro le la- br'A-
ahi las- so
42
mo- re E mi fan- no d'uom vi- vo un mu- to sas- so A-mor
A-mor
50
dhe se tu voi ch'i miei mar- ti- ri,
dhe se tu voi ch'i miei mar- ti- ri Io pur tac- cia, io pur tac- cia e so-
58
spi- ri Tu dil- le a lei che mi con- su- ma e sfa- ce
62
Tu par- la quel, tu par- la quel che la mia lin- gua ta-

66
a- mor dhe se tu voi ch'i miei mar- ti- ri
ce a- mor dhe se tu voi ch'i miei mar- ti- ri
72
Io pur tac- cia, io pur tac- cia e so- spi- ri Tu dil- le a lei che mi con-
79
su- ma e sfa- ce, tu dil- le a lei che mi con-
tu dil- le a lei che mi con- su-
83
su- ma e sfa- ce Tu par- la quel che la mia lin- gua ta-
ma e sfa- ce Tu par- la quel che la mia lin- gua ta- ce,
88
ce, tu par- la quel che la mia lin- gua ta- ce.
tu par- la quel che la mia lin- gua ta- ce.
6 6 4 3

94. Questa bella guerriera

Stefano Landi

I:Ru, MS 279, 81-90

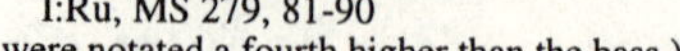
(The voice parts were notated a fourth higher than the bass.)

Que- sta bel- la gue- rie- ra

Que- sta bel- la guer- rie- ra Che d'A- mor l'ar-

Che d'A- mor l'ar- co in

co in van già mai non ten- de, che d'A- mor

van già mai non ten-

l'ar- co in van già mai

de, que- sta

non ten- de, que- sta bel- la guer- rie- ra

25
bel- la guer- rie- ra
che d'A- mor l'ar- co in van già mai non
31
che d'A- mor l'ar- co in van già
ten- de
36
mai non ten- de A chi ne sen- t'il no- me, a chi ne sen- t'il no- me
A chi ne sen- t'il no- me A
43
A chi ne mi- ra i be- gl'oc- chi le chio- me,
chi ne mi- ra i be- gl'oc- chi le chio- me,
a

49
a chi ne mi- ra i be- gl'oc-
chi ne mi- ra i be- gl'oc- chi, i be- gl'oc-
53
chi le chio- me E gl'at-
chi le chio- me
57
ti, e gl'at-
E gl'at-
61
ti e 'l dol- ce ri-
ti
7 6

65
so
e 'l dol- ce ri- so Mi- sto di ro-
70
se e-let-
73
Mi- sto di ro-
te,
mi- sto di ro-
77
se e- let-
te
se e- let- te

81
E di gi- gli rac- col- t'in pa- ra- di- so, rac- col- t'in pa- ra- di- so Pro- spe- ri-
E di gi- gli rac- col- t'in pa- ra- di- so
87
tà pro- met- te Ma chi sa poi s'at-
Pro- spe- ri- tà pro- met- te
93
ten- de, chi sa, chi sa poi s'at-
Ma chi sa poi s'at- ten- de, chi sa, chi sa
99
ten- de Fie- ra tem- pe-
poi s'at- ten- de

103
sta d'an- go- scio- si pian- ti
108
Fie- ra tem- pe- sta
112
Non vi fi- da- te a-
d'an- go- scio- si pian- ti
118
man- ti, non vi fi- da- te, non vi fi- da-
Non vi fi- da- te a- man- ti, non vi fi- da- te, non vi fi- da-

123
te Che se ne- gl'oc- chi par ch'an- ni- di a- mo-
te
Che se ne-
126
re, che se ne- gl'oc- chi par ch'an- ni- di a- mo-
gl'oc- chi par ch'an- ni- di a- mo-
129
re Ha d'a-
re,
6
132
spra cru- del- tà seg- gio nel co- re,
che se ne-
4 3

139
che se ne- gl'oc- chi par ch'an- ni- di a-
gl'oc- chi par ch'an- ni- di a- mo- re, ch'an- ni- di a-
142
mo- re, ha d'a- spra cru- del-
mo- re Ha d'a- spra cru- del-
148
tà seg- gio nel co- re seg- gio nel
tà seg- gio nel co- re,
153
co- re,
seg- gio nel

155
seg-
co- re
seg-
7 6
159
gio
nel
co-
re.
gio
nel
co-
re.
4
3
4
3

95. Superbo te ne vai legno fugace

Stefano Landi

I:Ru, MS 279, 90'-96'

29
li- ce col mio cor in se- no, la- dro fe- li- ce, la- dro fe- li- ce
La- dro fe- li- ce, la- dro fe- li- ce col
35
col mio cor in se- no, col mio cor in se- no Cru- del
mio cor in se- no, col mio cor in se- no Cru- del, cru-
6
44
co- me m'uc- ci- di In- sen- sa t'ho- mi ci- d'in que- sti li- di, cru-
del, cru- del, cru- del
51
del, in- sen- sa- t'ho- mi-
co- me m'uc- ci- di In- sen- sa- t'ho- mi- ci- da in que- sti li- di,
57
ci- da in que- sti li- di Sol la vi- sta se-
in- sen- sa- t'ho- mi- ci- da in que- sti li- di

64
gua- ce
Vi- ve, vi- ve,
Sol la vi- sta se- gua- ce
Vi- ve, vi-
70
vi- ve, vi-
ve, vi- ve, vi-
73
ve ma
ve ma per- ché,
78
per- ché,
ma per- ché
ma per- ché

84
in pian- to mi di- le-
89
guo et io ti se- guo, et io ti se-
Re- st'el- la, re- st'el- la
94
guo, et io ti se- guo, et io ti se- guo, et io ti se-
et io ti se- guo, et io ti se- guo, et io ti se-
6 5
99
guo et a- brac- cio On- d'in- co-
guo, et ti se- guo et a- brac- cio On- d'in- co-

104
stan- te hu- mi- do spen- t'a- man-
stan- te hu- mi- do spen- t'a- man- te S'in
109
te Sin che ri-
che ri- por- ti tu la bel- la sal- ma,
4 3
114
por- ti tu la bel- la sal- ma, la bel- la
s'in che ri- por- ti tu la bel- la sal-
119
sal- ma E mi ren- de co- sì la vi- ta e l'al-
ma
5 6 5 6 5 6 5 6

124
ma,
E mi ren- de co- sì la vi- ta e
3 4 3
129
e mi ren- de co- sì la vi- ta e l'al-
l'al- ma, e mi ren- de co- sì la vi- ta e
134
ma, la vi- ta e l'al-
l'al- ma, la vi- ta e l'al-
139
ma.
ma.

96. Se non è cosa in terra

Stefano Landi

I:Ru, MS 279, 96'-100'

27
fa tan- ta guer- ra Co- m'ac- cen- de
tan- ta guer- ra Co- m'ac- cen- de et in- fiam-
33
et in- fiam- ma, co- m'ac- cen- de
ma, co- m'ac- cen- de, co- m'ac- cen- de et in-fiam-
39
et in- fiam- ma E
ma, et in- fiam- ma E
4
46
gl'o- mi- ni e gli de- i, e gli de- i E
gl'o- mi- ni e gli de- i, e gli de- i E del ar- dor in le-
55
del ar- dor in le- i Non li vid- de già
i, in le- i Non li vid- de già mai pic- co- lo dram- ma,

62
mai pic- co- lo dram- ma pic- co- lo dram- ma
pic- co- lo dram- ma Co- sì per- met- te il
69
Co- sì per- met- te il cie- lo, Co- sì pro-
cie- lo Fo- co per a- vam- par-
76
met- te il cie- lo Fo- co per a- vam- par- mi, fo- co per a- vam-
mi, fo- co per a- vam- par-
83
par- mi U- scir di ge-
mi u- scir di ge- lo,
90
lo, u- scir di ge- lo.
u- scir di ge- lo.

97. Care lagrime mie

Anon.

US:PHu, Ms. Ital. 57, 2'-3

Ca- re la- gri- me mie Mes- si do- len- ti di mie pe-
ne ri- e Poi- ché voi non po- te- te Far mol- le oi-
mè quel co- re Che pie- ta- de non ha del mio do- lo- re, Al-
men per cor- te- si- a A- mor sia- te l'a- ce- sa fiam- ma mi- a
O pur cre- sce- te tan- to, o pur cre- sce- te tan-
to Ch'io mi so- mer- ga nel mio stes- so pian- to.

98. Pace non trovo, e non ho da far guerra

Anon.

US:PHu, Ms. Ital. 57, 3'-5'

[Prima parte]
Pa- ce non tro- vo, e non ho da far guer- ra
7
E te- mo, e spe- ro et ar- do e son un giac-
13
cio E vo- lo so- pri il cie- l'e gia- cio in ter-
19
ra E nul- la strin- go, e tut- to il mon- do ab- brac- cio,
26
e nul- la strin- go, e tut- to il
30
mon- do ab- brac- cio. m'ha in pri- gion

36
che non m'a- pre né ser- ra Né per suo mi ri- tien,
42
ne scio- glie il lac-
47
cio E non m'an- ci- de A- mor e
52
non mi sfer- ra
tr
55
Né mi vol vi- vo né mi tra d'im- pac-
62
cio, né mi vol vi- vo né

67
mi tra d'im- pac- cio. gio sen- z'oc- chi, e
73
non ho lin- gua e gri- do
79
E bra- mo di pe- rir, e cheg- gio a- i-
84
ta Et ho in o- dio me stes- so et a- mo al-
91
tru- i, et ho in o- dio me
96
stes- so et a- mo al-

98
tru- i scomi di do- lor, pian- gen-
105
do ri- do E- gual- men- te mi spia-
111
ce mor- t'e vi- ta In que- sto
117
sta- to son, don- na per vo- i,
122
in que- sto sta- to
125
son, don- na per vo- i.
tr

99. Pargoletta vezzosa e ridente

Anon.

US:PHu, Ms. Ital. 57, 6'-8

10
ga e lu- cen- te Men- tre scher- zi con lie- to sor-
me a- mo- ro- se Poi ri- den- do con gio- ia in- fi-
gni ri- den- ti I be- gl'oc- chi son stra- li d'A-
va- ga e lu- cen- te Men- tre scher- zi con lie- to sor- ri-
me a- mo- ro- se Poi ri- den- do con gio- ia in- fi- ni-
sde- gni ri- den- ti I be- gl'oc- chi son stra- li d'A- mo-
14
ri- so Hor chiu- den- d'hor mo-
ni- ta Hor mi to- gli hor mi
mo- re ch'hor in- fiam- ma hor im -
so hor chiu- den- d'hor mo- stran- do, hor mo-
ta hor mi to- gli hor mi ren- di, hor mi
re ch'hor in- fiam- ma, hor im- pia- ga, hor im-
16
stran- d'il bel vi- so, hor chiu- den- d'hor mo- stran- do, hor mo-
ren- di la vi- ta, hor mi to- gli hor mi ren- di, hor mi
pia- ga il mio co- re, hor in- fiam- ma, hor im- pia- ga, hor in-
stran- d'il bel vi- so, hor chiu- den- d'hor mo-
ren- di la vi- ta, hor mi to- gli hor mi
pia- ga il mio co- re, hor in- fiam- ma, hor in-
19
stran- d'il bel vi- so Di pu- ro ar-
ren- di la vi- ta Ma an- cor non
pia- ga il mio co- re Ma un Pa- ra-
stran- d'il bel vi- so
ren- di la vi- ta
pia- ga il mio co- re

22
do- re M'ac- cen- di il co- re
sen- ti Gli a- spri tor- men- ti
di- so M'a- pre il bel vi- so
25
Di bel di- let- to Em- p'il mio
Né sai d'a- mo- re L'em- pio ri-
E tan- ta gio- ia Vin- ce o- gni
28
Ma qua- l'ho- ra vez- zo- set- ta Ne- ghit-
Ben sai pun- ge- re, e fe- ri- re E con
Pur m'im- pia- ghi, e in- cen- di a- mo- re Pur fe-
pet- to Ma qua- l'ho- ra vez- zo-
go- re Ben sai pun- ge- re, e fe-
noi- a Pur m'im- pia- ghi, e in- cen- di a-
31
to- sa, ne- ghit- to- sa e ri- tro- set- ta Ti na-
gl'oc- chi, e con gl'oc- chi un cor tra- di- re Se di-
ris- ca, pur fe- ris- ca, et ar- da il co- re Che può
set- ta Ne- ghit- to- sa e ri- tro- set- ta Ti na-
ri- re E con gl'oc- chi un cor tra- di- re Se di-
mo- re Pur fe- ris- ca, et ar- da il co- re Che può

34
scon- di o mio te- so- ro Ahi
spie- ghi il dol- ce sguar- do On-
sol te- ner- mi in vi- ta Sì
scon- di o mio te- so- ro Ahi ch'io mi
spie- ghi il dol- ce sguar- do On- d'io sem-
sol te- ner- mi in vi- ta Sì dol- ce a-
37
ch'io mi mo- ro, ahi
d'io sem- pre ar- do, on-
dol- ce a- i- ta, si
mo- ro, ahi ch'io mi
pre ar- do, on- d'io sem-
i- ta, si dol- ce a-
40
1.
2.
ch'io mi mo- ro ro.
d'io sem- pre ar- do do.
dol- ce a- i- ta ta.
mo- ro ro.
pre ar- do do.
i- ta ta.

100. Se non hai di ferro il core

Anon.

US:PHu, Ms. Ital. 57, 8'-9

1. Se non hai di fer- ro il co- re
2. Se per te mi strug- go, e mo- ro
3. Se 'l mio A- mor, se la mia fe- de
1. Se non hai di fer- ro il
2. Se per te mi strug- go, e
3. Se 'l mio A- mor se la mia

3
Bel- la nin- fa per pie- ta- de, per pie-
O mio sol, mio dol- ce be- ne, dol- ce
Vuoi pro- var, cru- da, e se- ve- ra, e se-
co- re Bel- la nin- fa per pie-
mo- ro O mio sol, mio dol- ce
fe- de Vuoi pro- var, cru- da, e se-

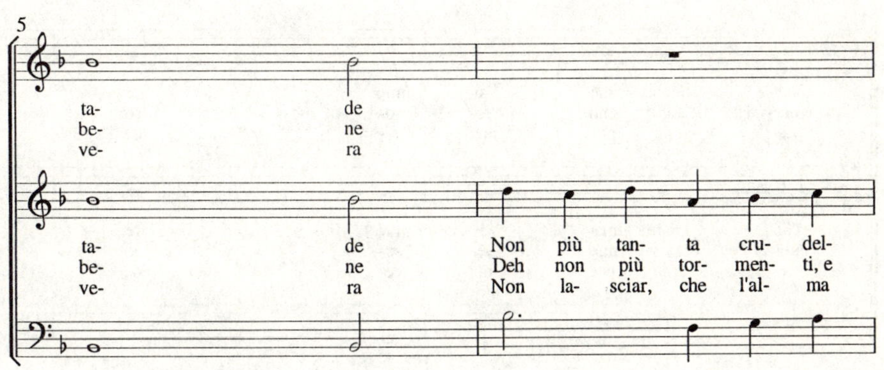

5
ta- de
be- ne
ve- ra
ta- de Non più tan- ta cru- del-
be- ne Deh non più tor- men- ti, e
ve- ra Non la- sciar, che l'al- ma

7
Non più tan- ta cru- del- ta- de Che que-
Deh non più tor- men- ti, e pe- ne Non più
Non la- sciar, che l'al- ma pe- ra Che fia
ta- de Che que- st'al- ma, che que-
pe- ne Non più guer- ra, non più
pe- ra Che fia va- na, che fia
9
st'al- ma ho- mai si muo- re, che que-
guer- ra, o mio te- so- ro, non più
va- na poi mer- ce- de, che fia
st'al- ma ho- mai si muo- re, che que-
guer- ra, o mio te- so- ro, non più
va- na poi mer- ce- de, che fia
11
st'al- ma ho- mai si muo- re
guer- ra, o mio te- so- ro
va- na poi mer- ce- de
st'al- ma ho- mai si muo- re
guer- ra, o mio te- so- ro
va- na poi mer- ce- de

13
Ma nel vi- so on- d'ar- de il mio
Ma pie- to- sa ri- vol- gi un bel
Mi- ra il co- re, che lan- gue fe-
Ma nel vi- so on- d'ar- de il mio
Ma pie- to- sa ri- vol- gi un bel
Mi- ra il co- re, che lan- gue fe-
15
pet- to Di- spie- gh'un sol ri- so con gio- ia e di-
guar- do O nin- fa a- mo- ro- sa, e ve- di co-
ri- to In pre- mio d'A- mo- re, in pre- mio d'A-
pet- to Di- spie- gh'un sol ri- so con gio- ia e di-
guar- do O nin- fa a- mo- ro- sa, e ve- di co-
ri- to In pre- mio d'A- mo- re, in pre- mio d'A-
17
let- to Che fe- li- ce al- hor sa-
m'ar- do Che fe- li- ce al- hor per
mo- re E ve- drai di pu- ra
let- to
m'ar- do
mo- re

19
rò, al- hor sa- rò s'a- vien ch'io
te, al- hor per te, mi sia il mo-
fe, di pu- ra fè, di bel de-
Che fe- li- ce al- hor sa- rò s'a- vien ch'io
Che fe- li- ce al- hor per te, mi sia il mo-
E ve- drai di pu- ra fè, di bel de-

21
mo- ia Di pia- ce- r'e di gio- ia.
ri- re E la vi- ta fi- ni- re.
si- o Il mio cor, l'A- mor mi- o.
mo- ia Di pia- ce- r'e di gio- ia.
ri- re E la vi- ta fi- ni- re.
si- o Il mio cor, l'A- mor mi- o.

100a. Se non hai di ferro il core

Anon.

Concerti amorosi (Venice: Vincenti, 1623)

1. Se non hai di fer- ro il co- re Bel- la nin- fa per pie-
2. Se per te mi strug- go, e mo- ro O mio sol, mio dol- ce
3. Se 'l mio A- mor, se la mia fe- de Vuoi pro- var, cru- da, e se-
4
ta- de, per pie- ta- de Non più tan- to cru- del-
be- ne, dol- ce be- ne Dhe non più tor- men- ti, e
ve- ra, e se- ve- ra Non la- sciar, che l'al- ma
7
ta- de Non più tan- to cru- del- ta- de Che que-
pe- ne Deh non più tor- men- ti, e pe- ne Non più
pe- ra Non la- sciar, che l'al- ma pe- ra Che fia
10
st'al- ma ho- mai si muo- re, che que- st'al- ma ho- mai si
guer- ra, o mio te- so- ro, non più guer- ra, o mio te-
va- na poi mer- ce- de, che fia va- na poi mer-
13
muo- re Ma nel vi- so on- d'ar- de il mio
so- ro Ma pie- to- sa ri- vol- gi un bel
ce- de Mi- ra il co- re, che lan- gue fe-
16
pet- to Di- spie- gh'un sol ri- so con gio- ia e di- let- to
guar- do O nin- fa a- mo- ro- sa, e ve- di co- m'ar- do
ri- to In pre- mio d'A- mo- re, in pre- mio d'A- mo- re

19
Che fe- li- ce al- hor sa- rò, al- hor sa- rò s'a- vien ch'io
Che fe- li- ce al- hor per te, al- hor per te, mi sia il mo-
E ve- drai di pu- ra fé, di pu- ra fé, di bel de-
22
mo- ia Di pia- ce- r'e di gio- ia.
ri- re E la vi- ta fi- ni- re.
si- o Il mio cor, l'A- mor mi- o.

101. Ahi com'a un vago sol cortese giro

Giuseppe Cenci

US:PHu, Ms. Ital. 57, 9'-10'

Ahi co- m'a un va- go sol cor- te- se gi- ro De duoi

5 be- gl'oc- chi On- d'io sof- fer- si il pri- mo, e dol- ce

9 stra- le d'A- mo- re

13 Pien d'un no- vo de- si- o Sì pron- to a so- spi- rar Tor-

17 n'il mio co- re Las- so,

21 las- so non val na- scon- der- si Ch'o- mai

25
co- no- sci a se- gni
29
che il mio cor m'a- di- ti Del- l'an- ti- ca fe- ri-
33
ta Et è gran tem- po pur ch'io la sa- na- i
37
Ahi che pia- ga d'a- mor non sal-
41
da ma- i, et è gran tem- po pur ch'io la sa-
45
na- i a- hi

49
che pia- ga d'a- mor non sal- da ma-
53
i, ahi che pia- ga d'a- mor non
57
sal- da ma- i, non
61
sal-
65
da ma- i.

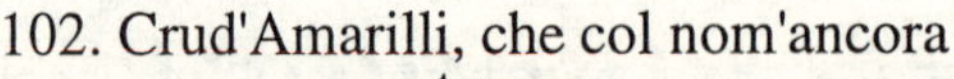

102. Crud'Amarilli, che col nom'ancora

Anon.

US:PHu, Ms. Ital. 57, 11-12

Cru- d'A- ma- ril- li, che col no- m'an- co- ra D'a- mar, ahi las-

8 so, a- ma- ra- men- te in- se- gni A- ma- ril- li,

15 del can- di- do li- gu- stro Più can- di- da e più bel- la, Ma del- l'as-

22 pi- do sor- do E più sor- d'e più fe- ra e più fu- ga-

29 ce Poi che col dir t'of- fen- do, Io

36 mi mo- rò ta- cen- do Ma gri- de- ran per me, ma gri- de- ran per me

43
le piag- ge e i mon- ti E que- sta sel- va, a cui Si spes- so il
50
tuo bel no- me Di ri- so- na- r'in- se- gno Per me pian- gen- do i
57
fon- ti E mor- mo- ran- do i ven- ti, Di- ran- no i miei la- men- ti
64
Par- le- rà nel mio vol- to La pie- ta- de e 'l do- lo-
71
re E, se fia mu- ta o- gn'al- tra co- sa, al fi- ne Par- le- rà il mio mo- ri-
78
re, E ti di- rà la mor- t'il mio mar- ti- re, e
84
ti di- rà la mor- te il mio mar- ti- re.

103. Vorrei baciarti, o Filli

Anon.

US:PHu, Ms. Ital. 57, 12'-13

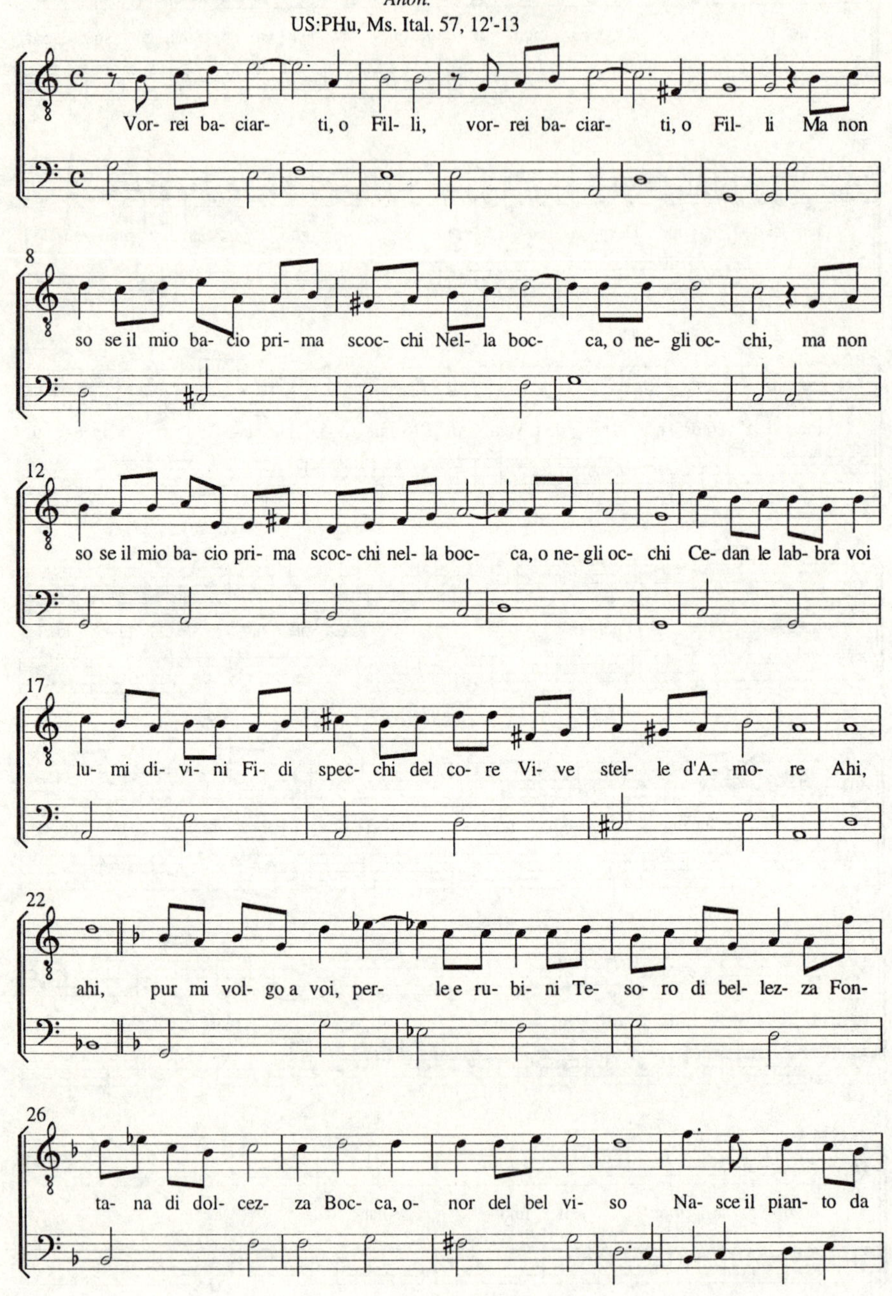
Vor- rei ba- ciar- ti, o Fil- li, vor- rei ba- ciar- ti, o Fil- li Ma non
8
so se il mio ba- cio pri- ma scoc- chi Nel- la boc- ca, o ne- gli oc- chi, ma non
12
so se il mio ba- cio pri- ma scoc- chi nel- la boc- ca, o ne- gli oc- chi Ce- dan le lab- bra voi
17
lu- mi di- vi- ni Fi- di spec- chi del co- re Vi- ve stel- le d'A- mo- re Ahi,
22
ahi, pur mi vol- go a voi, per- le e ru- bi- ni Te- so- ro di bel- lez- za Fon-
26
ta- na di dol- cez- za Boc- ca, o- nor del bel vi- so Na- sce il pian- to da

31
lor tu m'a- pri il ri- so, na- sce il
36
tr
pian- to da lor tu m'a- pri il ri- so.

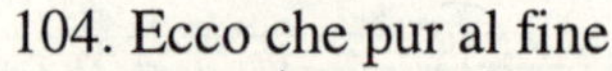

104. Ecco che pur al fine

Anon.

US:PHu, Ms. Ital. 57, 13'-14

1. Ec- co che pur al fi- ne Do- po
3. Tra que- ste sel- ve a- mi- che E- co
5. Non è a- mor co- sì ar- den- te Che di-

4

tan- ti so- spi- ri Son ces- sa- ti i mar- ti- ri Son spa-
bel- la a- mo- ro- sa Ha- vrà pur ho- mai po- sa De miei
sde- gno- so af- fet- to Non spen- gain no- bil pet- to Né a rav-

6

ri- ti dal cor le no- ie e pian- ti Non sen- ti- re- te più do- ler-
tor- men- ti on- de pian- ge- va a- van- ti Non
vi- var- lo val for- za d'in- can- ti Non

11 [Fine]

mi a- man- ti, non sen- ti- re- te più do- ler- mi a- man- ti. 2. As- sai del mio
4. E quel- la cru-

18

cor- do- glio Ho spar- so vo- ci al ven- to Lo
da e fe- ra Che tan- ta ha- vea nel co- re Gio-

21 [Dal segno al fine]

sai del mio tor- men- to Hai fat- to la- gri- mar que- st'on- de er- ran- ti Non
ia del mio do- lo- re Pur mi ve- drà go- der tra ri- si e can- ti Non

104a. Ecco che pur al fine

Anon.

I:Bc, Q140, 11'

Ec- co che pur al fi- ne Do- po tan- ti so- spi- ri Son ces-
sa- ti i mar- ti- ri Son spa- ri- ti dal cor le no- ie e pian-
ti Non sen- ti- re- te più do- ler- mi a- man- ti,
non sen- ti- re- te più do- ler- mi a- man- ti.

105. Amarilli crudel, e ria

Anon.

US:PHu, Ms. Ital. 57, 14'-15'

1. A- ma- ril- li cru- del, e ri- a Se bra- ma- te la
2. Vez- zo- set- ta d'A- mor guer- rie- ra Al mio mal sem- pre
3. Bel- la Nin- fa ver me cru- de- le As- pra e sor- da al- le

1. A- ma- ril- li cru- del, e ri- a Se bra- ma- te la
2. Vez- zo- set- ta d'A- mor guer- rie- ra Al mio mal sem- pre
3. Bel- la Nin- fa ver me cru- de- le As- pra e sor- da al- le

7

mor- te mi- a Non mi da- te più pe- na o- gn'ho-
cru- da e fe- ra Dhe ces- sa- te fe- rir- mi il co-
mie que- re- le Ral- len- ta- te le cru- de vo-

mor- te mi- a Non mi da- te più pe- na o- gn'ho-
cru- da e fe- ra Dhe ces- sa- te fe- rir- mi il co-
mie que- re- le Ral- len- ta- te le cru- de vo-

13

ra Se vo- le- te che per voi mo- ra Ma vez- zo- sa i be-
re Che dar mor- te non più do- lo- re An- zi dol- ce mo-
glie Di ve- der- mi in a- ma- re do- glie Ma scio- glie- te l'an-

ra Se vo- le- te che per voi mo- ra Ma vez- zo- sa i be-
re Che dar mor- te non più do- lo- re An- zi dol- ce mo-
glie Di ve- der- mi in a- ma- re do- glie Ma scio- glie- te l'an-

19

gl'oc- chi gi- ra- te Con un rag- gio di ve- ra pie- ta- te
stra- te- mi pi- a A que- st'oc- chi a que- st'a- ni- ma mi- a
ge- li- co ri- so E pie- to- sa mo- stra- te il bel vi- so

gl'oc- chi gi- ra- te Con un rag- gio di ve- ra pie- ta- te
stra- te- mi pi- a A que- st'oc- chi a que- st'a- ni- ma mi- a
ge- li- co ri- so E pie- to- sa mo- stra- te il bel vi- so

25
Che per trop- po gio- i- re, che per
Che per trop- po gio- i- re, che per
Che per trop- po gio- i- re, che per
Che per trop- po gio- i-
Che per trop- po gio- i-
Che per trop- po gio- i-
30
trop- po gio- i- re Mi ve- dre- te mo- ri-
trop- po gio- i- re Mi ve- dre- te mo- ri-
trop- po gio- i- re Mi ve- dre- te mo- ri-
re, che per trop- po gio- i- re Mi ve-
re, che per trop- po gio- i- re Mi ve-
re, che per trop- po gio- i- re Mi ve-
36
re, che per trop- po gio- i- re
re, che per trop- po gio- i- re
re, che per trop- po gio- i- re
dre- te mo- ri- re, che per trop- po gio-
dre- te mo- ri- re, che per trop- po gio-
dre- te mo- ri- re, che per trop- po gio-
41
mi ve- dre- te mo- ri- re.
mi ve- dre- te mo- ri- re.
mi ve- dre- tc mo- ri- re.
i- re mi ve- dre- te mo- ri- re.
i- re mi ve- dre- te mo- ri- re.
i- re mi ve- dre- te mo- ri- re.

106. Tempo ben fu

Anon.

US:PHu, Ms. Tal. 57, 16

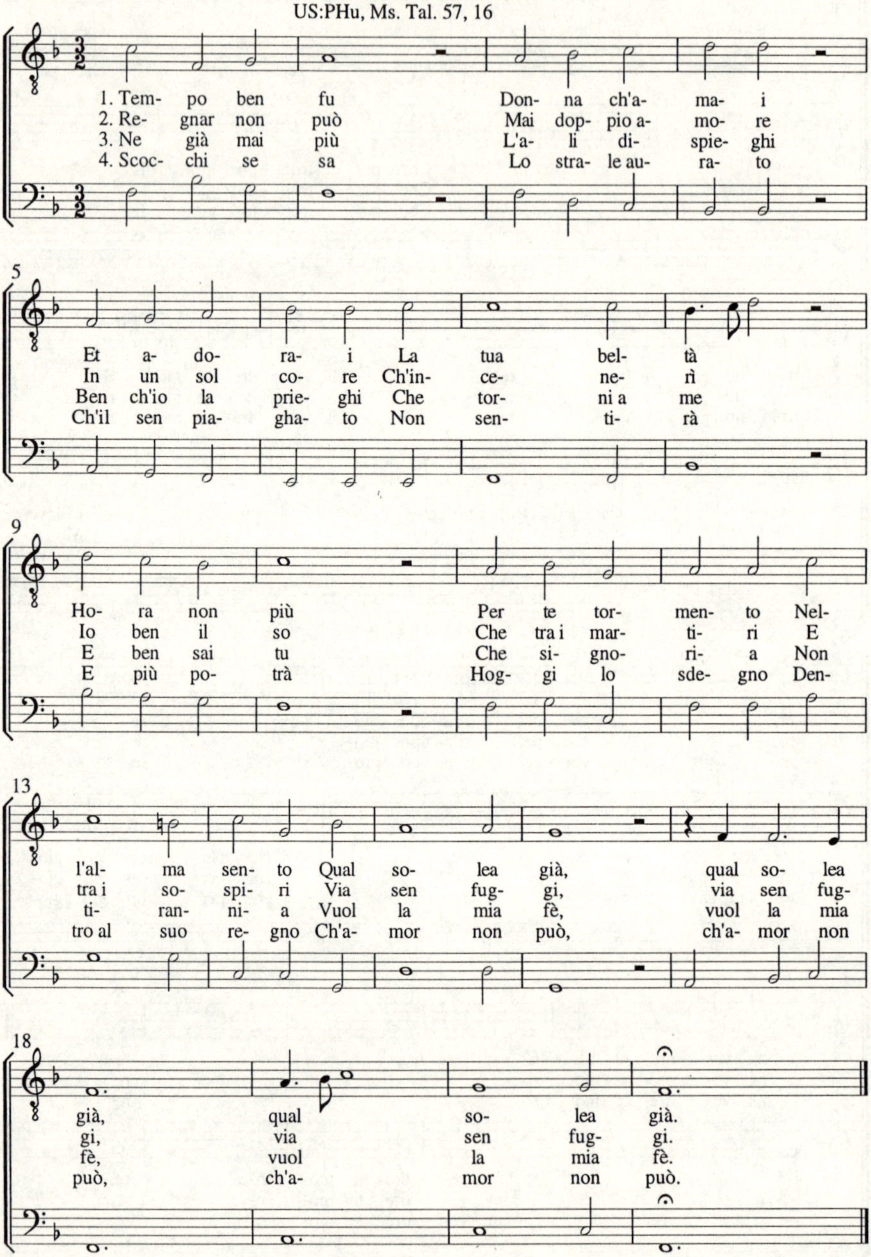

1. Tem- po ben fu Don- na ch'a- ma- i
2. Re- gnar non può Mai dop- pio a- mo- re
3. Ne già mai più L'a- li di- spie- ghi
4. Scoc- chi se sa Lo stra- le au- ra- to

5

Et a- do- ra- i La tua bel- tà
In un sol co- re Ch'in- ce- ne- rì
Ben ch'io la prie- ghi Che tor- ni a me
Ch'il sen pia- gha- to Non sen- ti- rà

9

Ho- ra non più Per te tor- men- to Nel-
Io ben il so Che tra i mar- ti- ri E
E ben sai tu Che si- gno- ri- a Non
E più po- trà Hog- gi lo sde- gno Den-

13

l'al- ma sen- to Qual so- lea già, qual so- lea
tra i so- spi- ri Via sen fug- gi, via sen fug-
ti- ran- ni- a Vuol la mia fè, vuol la mia
tro al suo re- gno Ch'a- mor non può, ch'a- mor non

18

107. Vaga e lucente

Anon.

US:PHu, Ms. Ital. 57, 18

Va- ga e lu- cen- te Nel- l'o- ri- en- te Sor- ge la
6
bel- la Au- ro- ra, sor- ge la bel-
11
la Au- ro- ra. Ca- re per- let- te So- vra l'er-
16
bet- te, ca- re per- let- te so- vra l'er bet- te
21
Co- spar- ge i fio- ri in- do- ra, co- spar- ge i
26
fio- ri in- do- ra.

107a. Vaga e lucente

Anon.

I:Bc, Q140, 23

Va- ga e lu- cen- te Nel- l'o- ri- en- te Sor- ge la bel- la Au- ro-
ra, sor- ge la bel-la Au- ro- ra, sor- ge la bel- la Au- ro-
ra. Ca- re per- let- te So- vra l'er- bet- te, ca- re per- let- te so- vra l'er-
bet- te Co- spar- ge i fio-ri in- do- ra, co- spar- ge i fio- ri in- do- ra.

108. O voi ch'intorno al lagrimoso canto

Anon.

US:PHu, Ms. Ital. 57, 18'-20

25
E del mio du- ro fin me- co
E del mio du- ro fin me-
29
pian- ge- te, e del mio du- ro fin me- co pian-
co pian- ge- te, e del mio du- ro fin me-
35
ge- te E poi- ché mor- te col suo ne- gro man-
co pian- ge- te E poi- ché mor- te col suo ne- gro
42
to M'ha- vrà co-per- to l'os- sa rac- co- glie- te, m'ha-
man- to M'ha- vrà co-per- to l'os- sa rac- co- glie- te,

49
vrà co- per- to l'os- sa rac- co- glie- te
m'ha- vrà co- per- to l'os- sa rac- co- glie- te
55
[Quarta parte]
La do- ve quel- la fon- te più s'a- dom- bra
La do- ve quel- la fon- te più s'a- dom- bra
61
Di que- sti al- ti ci- pres- si al- la me- st'om- bra,
Di que- sti al- ti ci- pres- si al- la me- st'om- bra, di
67
di que- sti al- ti ci- pres- si al- la me- st'om- bra.
que- sti al- ti ci- pres- si al- la me- st'om- bra.

109. O leggiadri occhi belli, occhi miei cari

Anon.

US:PHu, Ms. Ital. 20'-21

13
Poi - ché tan- to bra- ma- te
Poi- che tan- to gio- i- te
Se vi pia- ce mi- ra- te
Dhe mo- ve- te- vi ho- ma- i
ma- te Di ve- der- mi lan-
i- te Che nel fo- co si
a- te Un a- man- te fe-
ma- i Al mio lun- go pe-

17
Di ve- der- mi lan- gui- re
Che nel fo- co si mo- re
Un a- man- te fe- ri- to
Al mio lun- go pe- na- re
gui- re Di ve- der- mi mo-
mo- re Un che v'a- ma e v'a-
ri- to Un a- man- te tra-
na- re Al mio gran la- gri-

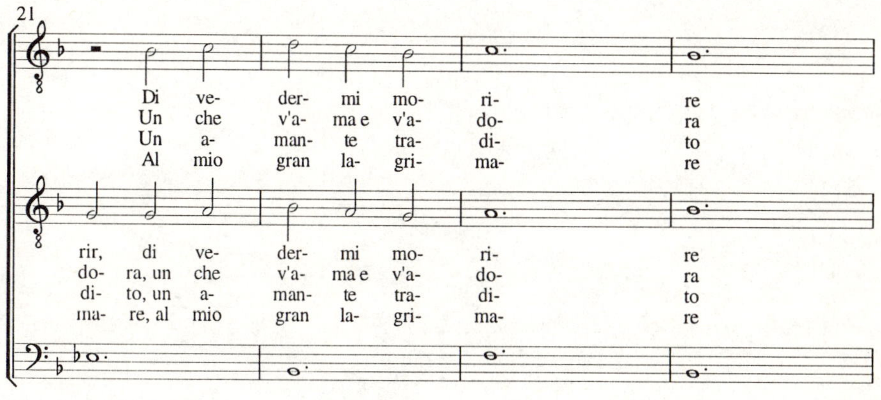
21
Di ve- der- mi mo- ri- re
Un che v'a- ma e v'a- do- ra
Un a- man- te tra- di- to
Al mio gran la- gri- ma- re
rir, di ve- der- mi mo- ri- re
do- ra, un che v'a- ma e v'a- do- ra
di- to, un a- man- te tra- di- to
ma- re, al mio gran la- gri- ma- re

25
Oc- chi bel- li, ch'a- do- ro Mi- ra- te, ch'io
Ri- vol- ge- t'in me il guar- do Mi- ra- te co-
Dhe mi- ra- te il mio co- re Pia- ga- to d'A-
So- no fium- mi cor- ren- ti Que- st'oc- chi do-
Oc- chi bel- li, ch'a- do- ro Mi-
Ri- vol- ge- t'in me il guar- do Mi-
Dhe mi- ra- te il mio co- re Pia-
So- no fium- mi cor- ren- ti Que-

29
mo- ro, mi- ra- te ch'io mo- ro.
m'ard- do, mi- ra- te co- m'ar- do.
mo- re, pia- ga- to d'A- mo- re.
len- ti, que- st'oc- chi do- len- ti.
ra- te ch'io mo- ro, ch'io mo- ro.
ra- te co- m'ar- do, co- m'ar- do.
ga- to d'A- mo- re, d'A- mo- re.
st'oc- chi do- len- ti, do- len- ti.

110. Ecco Lidia mia bella

Anon.

US:PHu, Ms. Ital. 57, 21'-22

1. Ec- co Li- dia mia bel- la Ec- co
2. Ec- co l'al- ma mia stel- la Ec- co
3. Ec- co il dol- ce ri- sto- ro De l'ar-
4. Ec- co il sol, che mi strug- ge Ec- co il
1. Ec- co Li- dia mia bel- la Ec- co
2. Ec- co l'al- ma mia stel- la Ec- co
3. Ec- co il dol- ce ri- sto- ro De l'ar-
4. Ec- co il sol, che mi strug- ge Ec- co il
4
Li- dia mia vi- ta Ec- co A- mor so- la quel- la Che
l'al- ma mia lu- ce, Ec- co l'au- rea fa- cel- la, Che
dor, che m'in- cen- de Ec- co il va- go te- so- ro D'A-
sol, che tan- t'a- mo Ec- co A- mor, che mi fug- ge Quan-
Li- dia mia vi- ta Ec- co A- mor so- la quel- la Che
l'al- ma mia lu- ce, Ec- co l'au- rea fa- cel- la, Che
do, che m'in- cen- de Ec- co il va- go te- so- ro D'A-
sol, che tan- t'a- mo Ec- co A- mor, che mi fug- ge, Quan-
7
dar mi può a- i- ta, Ma la cru- da m'an- no- ia, Gio-
fo- co m'in- du- ce, Cru- da Nin- fa, che m'ar- di Con
mor, che ri- splen- de, Cru- de stel- le, che tan- to, Vi
to io più lo bra- mo, E per dop- pio mar- ti- re, Non
dar mi può a- i- ta, Ma la cru- da m'an-
fo- co m'in- du- ce, Cru- da Nin- fa, che
mor, che ri- splen- de, Cru- de stel- le, che
to io più lo bra- mo, E per dop- pio mar-

10
i- sce ch'io mo- ia, Si sde- gna ch'io l'a- mi, Non
fie- ri tuoi sguar- di, Con- so- la- mi al- me- no Men-
pia- ce il mio pian- to, Ec- co ho- mai que- sti lu- mi Con-
pos- so gio- i- re Di tan- te bel- lez- ze Di
no- ia, Gio- i- sce ch'io mo- ia, Si sde- gna ch'io
m'ar- di Con fie- ri tuoi sguar- di, Con- so- la- mi al-
tan- to Vi pia- ce il mio pian- to, Ec- co ho- mai que-
ti- re Non pos- so gio- i- re, Di tan- te bel-
12
vuol ch'io la bra- mi, non vuol ch'io la bra- mi, Ahi, dim- mi a-
tre io ven- go me- no, men- tre io ven- go me- no, Ahi, dim- mi a-
ver- si in due fiu- mi, con- ver- si in due fiu- mi, Ahi, dim- mi a-
tan- te dol- cez- ze, di tan- te dol- cez- ze. Ahi, dim- mi a-
l'a- mi Non vuol ch'io la bra- mi, Ahi,
me- no Men- tre io ven- go me- no, Ahi,
sti lu- mi, Con- ver- si in due fiu- mi, Ahi,
lez- ze Di tan- te dol- cez- ze, Ahi,
16
mor che fa- rò! Se- gui- rò? fug- gi-
mor che fa- rò! Se- gui- rò? fug- gi-
mor che fa- rò! Se- gui- rò? fug- gi-
mor che fa- rò! Se- gui- rò? fug- gi-
dim- mi a- mor che fa- rò! Se- gui-
dim- mi a- mor che fa- rò! Se- gui-
dim- mi a- mor che fa- rò! Se- gui-
dim- mi a- mor che fa- rò! Se- gui-

19
rò? no, no, no, no
rò? no, no, no, no
rò? no, no, no, no
rò? no, no, no, no
rò? fug- gi- rò? no, no, no, no
rò? fug- gi- rò? no, no, no, no
rò? fug- gi- rò? no, no, no, no
rò? fug- gi- rò? no, no, no, no
22
L'a- me- rò se- gui- rò il mio de- si- re, Che per
L'a- me- rò se- gui- rò il mio de- si- re, Che per
L'a- me- rò se- gui- rò il mio de- si- re, Che per
L'a- me- rò se- gui- rò il mio de- si- re, Che per
L'a- me- rò se- gui- rò il mio de- si- re, Che per lei
L'a- me- rò se- gui- rò il mio de- si- re, Che per lei
L'a- me- rò se- gui- rò il mio de- si- re, Che per lei
L'a- me- rò se- gui- rò il mio de- si- re, Che per lei
25
lei m'è so- a- ve il mo- ri- re.
lei m'è so- a- ve il mo- ri- re.
lei m'è so- a- ve il mo- ri- re.
lei m'è so- a- ve il mo- ri- re.
m'è so- a- ve il mo- ri- re.
m'è so- a- ve il mo- ri- re.
m'è so- a- ve il mo- ri- re.
m'è so- a- ve il mo- ri- re.

110a. Ecco Lidia mia bella

Anon.

Concerti amorosi (Venice: Vincenti, 1623)

1. Ec- co Li- dia mia bel- la Ec- co Li- dia mia
2. Ec- co l'al- ma mia stel- la Ec- co l'al- ma mia
3. Ec- co il dol- ce ri- sto- ro De l'ar- dor, che m'in-
4. Ec- co il sol, che mi strug- ge Ec- co il sol, che tan-
7
vi- ta Ec- co A- mor so- la quel- la Che dar mi può a-
lu- ce Ec- co l'au- rea fa- cel- la Che fo- co m'in-
cen- de Ec- co il va- go te- so- ro D'A- mor, che ri-
t'a- mo Ec- co A- mor, che mi fug- ge Quan- to io più lo
13
i- ta, Ma la cru- da m'an- no- ia, Gio- i- sce ch'io
du- ce, Cru- da Nin- fa, che m'ar- di Con fie- ri tuoi
splen- de, Cru- de stel- le, che tan- to, Vi pia- ce il mio
bra- mo, E per dop- pio mar- ti- re, Non pos- so gio-
19
mo- ia, Si sde- gna ch'io l'a- mi, Non vuol ch'io la bra- mi, non
sguar- di, Con so- la- mi al- me- no Men- tre io ven- go me- no, men-
pian- to, Ec- co ho- mai que- sti lu- mi Con- ver- si in due fui- mi, con-
i- re Di tan- te bel- lez- ze Di tan- te dol- cez- ze, di
24
vuol ch'io la bra- mi, Ahi, dim- mi a- mor che fa- rò!
tre io ven- go me- no, Ahi, dim- mi a- mor che fa- rò!
ver- si in due fiu- mi, Ahi, dim- mi a- mor che fa- rò!
tan- te dol- cez- ze, Ahi, dim- mi a- mor che fa- rò!

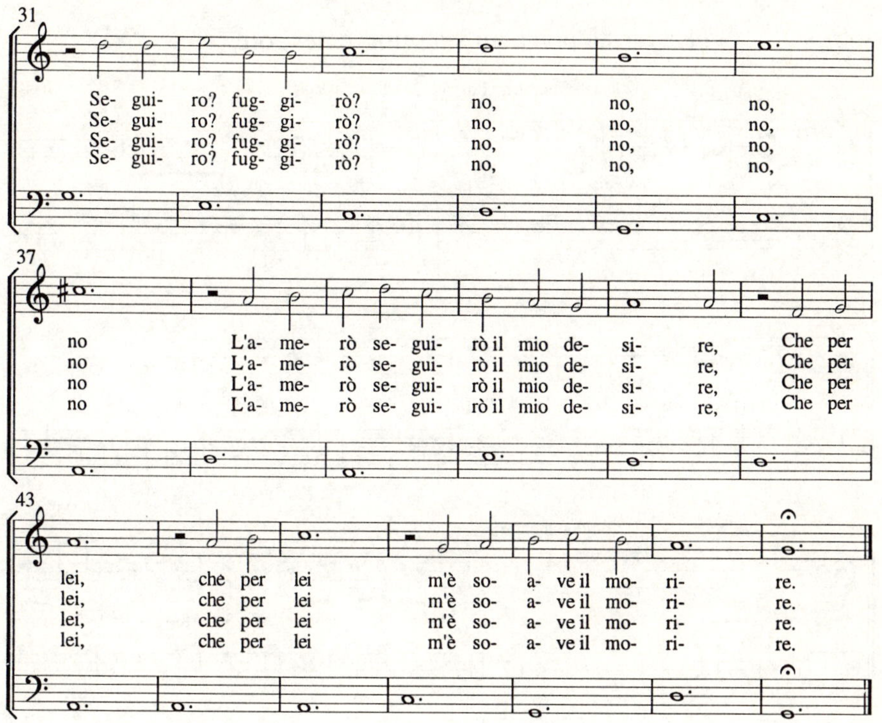
31
Se- gui- ro? fug- gi- rò? no, no, no,
Se- gui- ro? fug- gi- rò? no, no, no,
Se- gui- ro? fug- gi- rò? no, no, no,
Se- gui- ro? fug- gi- rò? no, no, no,
37
no L'a- me- rò se- gui- rò il mio de- si- re, Che per
no L'a- me- rò se- gui- rò il mio de- si- re, Che per
no L'a- me- rò se- gui- rò il mio de- si- re, Che per
no L'a- me- rò se- gui- rò il mio de- si- re, Che per
43
lei, che per lei m'è so- a- ve il mo- ri- re.
lei, che per lei m'è so- a- ve il mo- ri- re.
lei, che per lei m'è so- a- ve il mo- ri- re.
lei, che per lei m'è so- a- ve il mo- ri- re.

111. Questa piaga mi sia sempre nel core

Anon.

US:PHu, Ms. Ital. 57, 24'-25'

37
[Quarta parte]
bil fo- co Que- sta ca- te- na
42
sia che non la spez- ze Né
46
sde- gno no- vo ma- i né al-
50
tre bel- lez- ze, né sde- gno no- vo
54
ma- i né al- tre bel- lez- ze.

112. Più non amo più non ardo

Anon.

US:PHu, Ms. Ital. 57, 25'-26

7
non mi sfac- cio
te- mo il giac- cio
non mi da im- paccio
pur v'ab- brac- cio
cor più non mi sfac- cio
tuo non te- mo il pac- cio
sie- re non mi da im- paccio
ta- de io pur v'ab- brac- cio
9
E son rot- te le ca- te- ne e
E son rot- te le ca- te- ne e
E son rot- te le ca- te- ne e
E son rot- te le ca- te- ne e
E son rot- te le ca-
E son rot- te le ca-
E son rot- te le ca-
E son rot- te le ca-
11
sciol- t'il lac- cio.
sciol- t'il lac- cio.
sciol- t'il lac- cio.
sciol- t'il lac- cio.
te- ne e sciol- t'il lac- cio.
te- ne e sciol- t'il lac- cio.
te- ne e sciol- t'il lac- cio.
te- ne e sciol- t'il lac- cio.

113. La mia Filli crudel spesso mi fugge

Anon.

US:PHu, Ms. Ital. 57, 27'-28'

1. La mia Fil- li cru- del spes- so mi fug- ge
2. Quan- do gi- ra ver me gl'oc- chi ce- le- sti
3. Quan- do i va- ghi ca- pel- li scio- glie al ven- to
1. La mia Fil- li cru- del spes- so mi fug- ge
2. Quan- do gi- ra ver me gl'oc- chi ce- le- sti
3. Quan- do i va- ghi ca- pel- li scio- glie al ven- to
7
E gio- i- sce d'a- mor s'il cor mi strug- ge
Par ch'a mor- te mi sfi- di e vin- to re- sti
No- vi lac- ci al mio cor or- dir mi sen- to
E gio- i- sce d'a- mor s'il cor mi strug- ge
Par ch'a mor- te mi sfi- di e vin- to re- sti
No- vi lac- ci al mio cor or- dir mi sen- to
13
Ma pie- to- sa tal vol- ta, tal vol- ta Mi mi- ra, mi mi- ra m'a-
Poi con dol- ce sor- ri- so, sor- ri- so Mi mo- stra, mi mo- stra il bel
Poi con gio- ia in- fi- ni- ta, in- fi- ni- ta Mi sa- na, mi sa- na e da
Ma pie- to- sa tal vol- ta Mi mi- ra m'a-
Poi con dol- ce sor- ri- so Mi mo- stra il bel
Poi con gio- ia in- fi- ni- ta Mi sa- na e da

19
scol- ta O se pro- vas- se i miei gra- vi, i miei
vi- so O se pro- vas- se l'a- ma- re, l'a-
vi- ta Ahi che con ar- te a- mo- ro- sa, a- mo-
scol- ta O se pro- vas- se i miei
vi- so O se pro- vas- se l'a-
vi- ta Ahi che con ar- te a- mo-
25
gra- vi mar- ti- ri O fe- li-
ma- re mie pe- ne O so- a-
ro- sa guer- rie- ra Vol pro- var
gra- vi mar- ti- ri O fe- li- ce i miei
ma- re mie pe- ne O so- a- vi mie
ro- sa guer- rie- ra Vol pro- var la mia
30
ce i miei ca- ri so- spi- ri.
vi mie dol- ci ca- te- ne.
la mia fe- de sin- ce- ra.
Ca- ri so- spi- ri.
dol- ci ca- te- ne.
fe- de sin- ce- ra.

114. Lilla, Lilla giovineta

Anon.

I:MOe, Mus. E 318, 2

10
ta, trop - po, trop - po, trop- po a-
di, dol - ce, dol - ce, dol- ce
ni, bel - la, bel - la, bel- la
re, di - ci, di - ci, di- ci
ta, trop - po, trop - po, trop- po a-
di, dol - ce, dol - ce, dol- ce
ni, bel - la, bel - la, bel- la
re, di - ci, di - ci, di- ci
13
cer- ba e ri- tro- set- ta
scher- zi, e dol- ce ri- di
nin- fa il sen- t'a- dor- ni
poi non sen- ti A- mo- re.
cer- ba e ri- tro- set- ta
scher- zi, e dol- ce ri- di
nin- fa il sen- t'a- dor- ni
poi non sen- ti A- mo- re.

115. O dolcissimi sguardi

Anon.

I:MOe, Mus. E 318, 2'-3'

O dol- cis- si- mi sguar- di Ben m'in- vi- ta- te
O dol- cis-

6
voi con dol- ci gi- ri, ben m'in- vi- ta- te voi con dol-
si- mi sguar- di Ben m'in- vit- ta- te voi con dol- ci

11
ci gi- ri Ma non so, ma non so s'al- le gio- ie s'ai mar-
gi- ri Ma non so, ma non so s'a- le

16
ti- ri S'al gio- ir mi chia-
gio- ie s'ai mar- ti- ri Ec- co in-

21
ma- te Ec- co in- fi- do cor lu- ci be- a- te, ec- co in- fi- do
fi- do cor S'al gio- ir mi chia- ma- te Ec- co in- fi- do
26
cor lu- ci be- a- te Ma se il mio duol vo- le- te Lu- ci se-
cor lu- ci be- a- te Ma se il mio duol vo- le- te
31
re- n'e lie- te
Lu- ci sa- re- n'e lie- te Ec- co da voi m'in- vo-
36
Ec- co da voi m'in- vo- lo Per- ché fug-
lo Per- ché fug- gen-

40
gen- do voi, per- ché fug-
do voi fug- go il mio duo-
43
gen- do voi, per- ché fug-
lo, per- ché fug- gen- do voi fug-
46
gen- do voi fug- go il mio duo-
go il mio duo- lo, fug- go il mio duo-
51
lo, fug- go il mio duo- lo.
lo, fug- go il mio duo- lo.

116. Pastorella che sì bella

Anon.

I:MOe, Mus. E 318, 4

1. Pa- sto- rel- la Che sì bel- la Qua- si sol vi
2. Chi vi mi- ra Ne v'a- mi- ra Co- me dea d'o-
3. Chi vi guar- da Ne ri- guar- da Tut- to il bel del

1. Pa- sto- rel- la Che sì bel- la Qua- si sol vi
2. Chi vi mi- ra Ne v'a- mi- ra Co- me dea d'o-
3. Chi vi guar- da Ne ri- guar- da Tut- to il bel del

3

di- mo- stra- te Ben fe- li- ce A cui li- ce
gni bel- lez- za Se ben ve- de Non s'a- ve- de
vo- stro vi- so Se ben scor- gi Non s'ac- cor- ge

di- mo- stra- te Ben fel- li- ce A cui li-
gni bel- lez- za Se ben ve- de Non s'a- ve-
vo- stro vi- so Se ben scor- gi Non s'ac- cor-

5

Con- tem- plar vo- stra bel- ta- de, con- tem- plar vo- stra bel- ta-
S'in voi splen- de o- gni bel- lez- za, s'in voi splen- de o- gni bel- lez-
Chi vi è il bel del pa- ra- di- so, chi vi è il bel del pa- ra- di-

ce Con- tem- plar vo- stra bel- ta- de, con- tem- plar vo- stra bel- ta-
de S'in voi splen- de o- gni bel- lez- za, s'in voi splen- de o- gni bel- lez-
ge Chi vi è il bel del pa- ra- di- so, chi vi è il bel del par- ra- di-

8

de, con- tem- plar vo- stra bel- ta- de.
za, s'in voi splen- de o- gni bel- lez- za.
so, chi vi è il bel del pa- ra- di- so.

de, con- tem- plar vo- stra bel- ta- de.
za, s'in voi splen- de o- gni bel- lez- a.
so, chi vi è il bel del pa- ra- di- so.

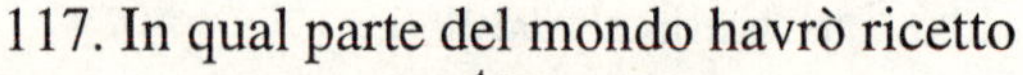

117. In qual parte del mondo havrò ricetto

Anon.

I:MOe, Mus. E 318, 4'-5

[Prima e terza parti]

1. In qual par- te del mon- do ha- vrò ri- cet-
3. Do- ve m'a- scon- de- rò che den- tro al pet-

4

to Dal- la lu- ce lon- tan tra cie- c'or- ro- re,
to Que- sta vo- glia non sia que- sto mio co- re,

8

dal- la lu- ce lon- tan tra cie- c'or- ro- re.
que- sta vo- glia non sia, que- sto mio co- re.

12 [Seconda e quarta parti]

2. Sen- za can- giar del cor l'a- ma- to af- fet-
4. Co- me fa- rò ch'io non mi scor- gi i- nan-

15

to Mi vol- ge- rò che non mi se- gue A- mo- re
te Del- la don- na, ch'a- do- ro, il bel sem- bian- te.

118. Questa tener angioletta

Ippolito Macchiavelli or *Orazio Michi*

I:MOe, Mus. E 318, 9'-11

Ch'an- cor te- ne- ra ri- cu- sa Sa- lu- tar l'al - ba no- vel- la
Ma tra- fit - ta un dì nel co- re La ve- drà lan-
guir d'a - mo- re, ma tra- fit- ta un dì nel co- re la
[Terza parte]
ve- drem lan- guir d'a- mo- re. Co- m'a noi si mo- str'il
ver- no Sol di ne- v'e gia- cio ar- ma- to Co- sì
fred- do e sì gel- la- to El- la mo- stra il sen in- tor- no

73
Mà tra- fit- ta un dì nel co- re La ve- drem lan- guir
78
[Quarta parte]
d'a- mo- re. Qua- si sco - glio in mez- z'al- l'on - de Stas-
84
si ri- gi- da e se- ve- ra E qual bar- ba- ra guer- rie- ra
90
Stam- pa in noi pia- ghe pro- fon- de Ma tra- fit- ta un dì nel
96
co- re La ve- drem lan- guir d'a- mo- re.

119. Altro non è 'l mio cor

Anon.

I:Bc, Q140, 3'

Al- tro non è 'l mio cor Che de- si- r'e do- lor cia - schun pian-g'al mio pian- to Che
7
chi lan- guir mi fa Sor- da co- m'a- spe sta s'io pian- g'o can- to.

120. Lasso perché mi fuggi

Anon.

I:Bc, Q140, 4

tr
Las- so per- ché mi fug- gi S'hai del- la mor- te
mia tan- to de- si- o Tu sei pur
il cor mi- o Cre- di pur per fug- gi- re Cru- del
far- mi mo- ri- re Ahi non si può mo-
rir sen- za do- lo- re Né do-
ler non si può chi non ha co- re.

121. Ben è ver ch'ei pargoleggia

Anon.

I:Bc, Q140, 6

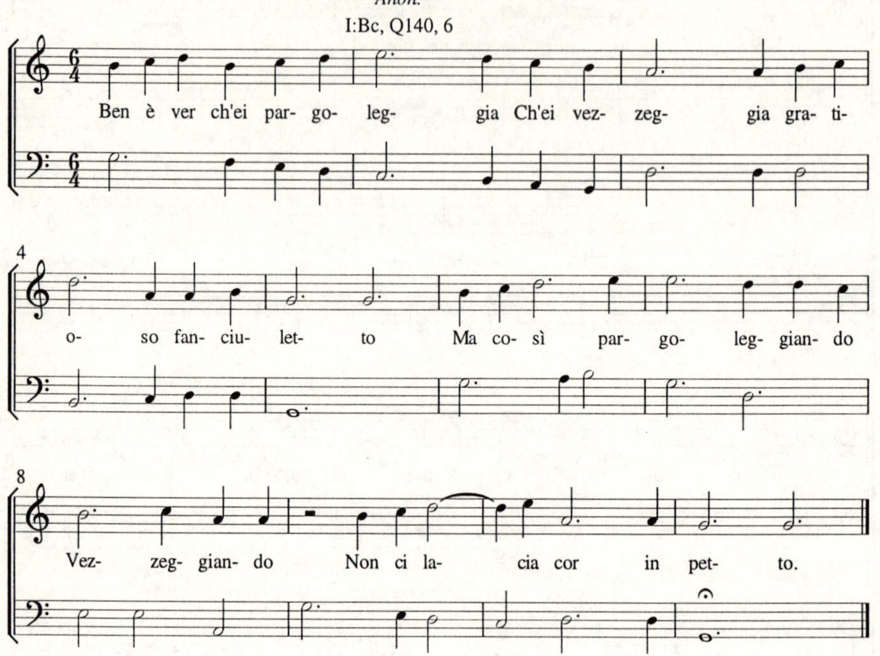
Ben è ver ch'ei par- go- leg- gia Ch'ei vez- zeg- gia gra- ti-
o- so fan- ciu- let- to Ma co- sì par- go- leg- gian- do
Vez- zeg- gian- do Non ci la- cia cor in pet- to.

122. La gloria di colui, che 'l tutto muove

Giovanni Domenico Puliaschi
Amor pudico (Rome, 1614)
I:Bc, Q140, 7-9

La glo- ria di co- lui che 'l tut- to muo- ve,

4 Con lo suo rag- gio pe- ne- tra e ri- splen- de In u-

7 na par- te più, e men' al- tro- ve, in u-

11 na par- te più, e me- n'al- tro- ve.

15 Ne lo tuo vol- to re- al Don- na splen- de,

20 Più ch'in fat- tu- ra, ch'u- scis- se gia- ma- i,

25

Da quel ten- Fat- tor, de. che sTal- ch'i sbe-

29

stes- s'in- ten- de, da quel fat- tor, che sol se

35

stes- s'in-

39

gl'oc- chi, on- de su- per- ba va- i, Po- tri- a- no in ter- ra, se man- cas- s'il

42

gior- no, Dar lu- ce al mon- do con suoi rag- gi ga-

45

i, dar lu- ce al mon- do con suoi rag-

49
gi ga-
53
i. L'an- ni- me stan- no a tua bel- ta- d'in-
57
tor- no, Co- me l'a- pi da- van- ti a lor
61
Re- gi- na: Pe- rò che
65
por- ti nel- lo vi- so a- dor- no La ma- e-
69
stà, cui tut- t'il mon- do in- chi- na,
74
la ma- e- stà, cui tut- t'il mon- do in- chi- na.

123. Vidi ondegiar questi infecondi campi

Anon.

I:Bc, Q140, 12'-14'

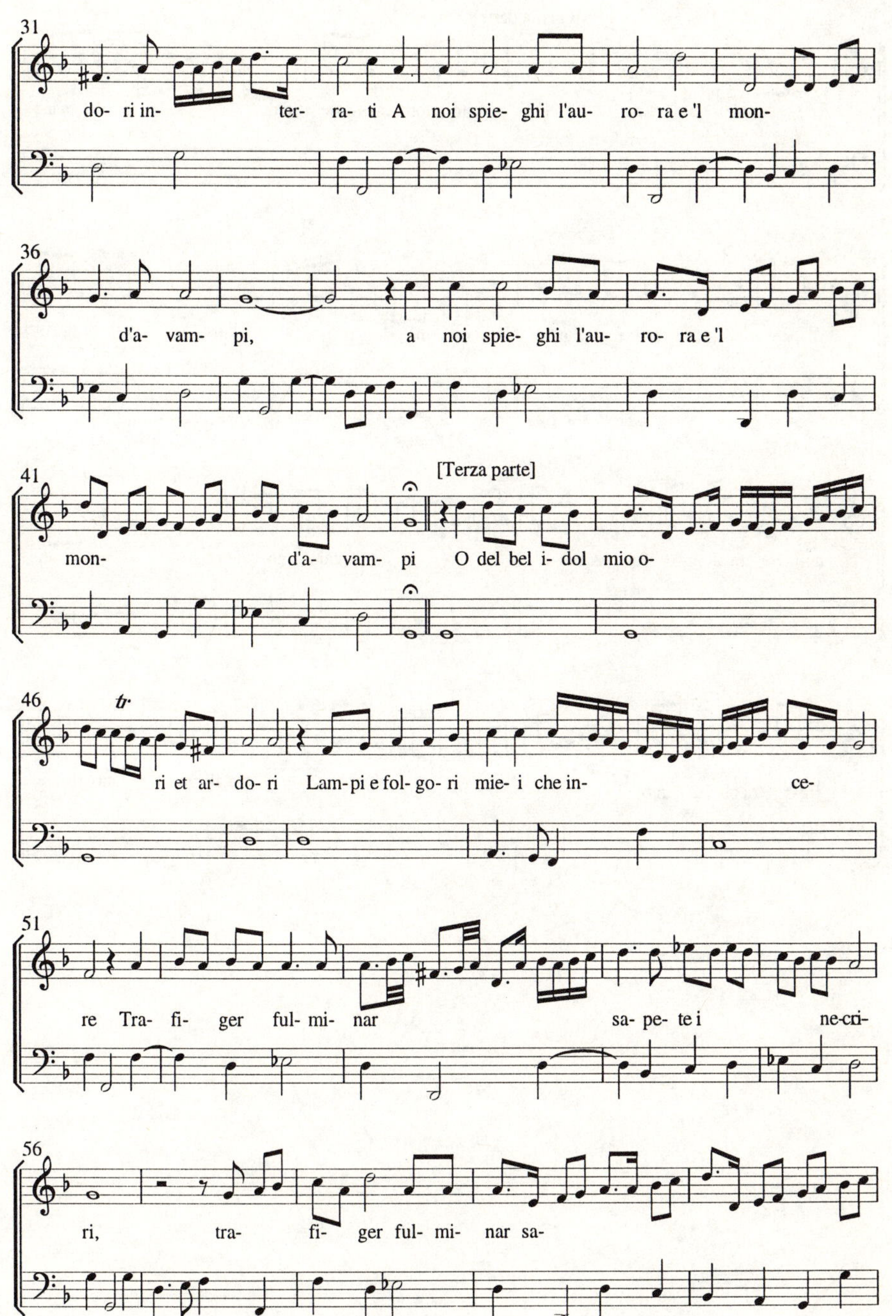
31
do- ri in- ter- ra- ti A noi spie- ghi l'au- ro- ra e 'l mon-
36
d'a- vam- pi, a noi spie- ghi l'au- ro- ra e 'l
41
[Terza parte]
mon- d'a- vam- pi O del bel i- dol mio o-
46
tr
ri et ar- do- ri Lam- pi e fol- go- ri mie- i che in- ce-
51
re Tra- fi- ger ful- mi- nar sa- pe- te i ne-cri-
56
ri, tra- fi- ger ful- mi- nar sa-

61
[Quarta parte]
pe- te i co- ri. Fo- ste non mes- se d'or ma di mar-
66
ti- re Non co- me- te di lu- ce ma d'or- ro- ri Non
71
au- ro- ra al mio dì ma al mio mo- ri- re, non au-
77
ro- ra al mio dì ma al mio mo- ri- re.

124. Con un dolent'oimè

Anon.

I:Bc, Q140, 15

Con un do- len- t'oi- mè Tir- si fer- man- d'il
pie So- vra l'a- va- ra tom- ba O- v'il mor- tal la-
scio Fil- li che poi vo- lò Nel ciel co- lom- ba, Fil-
li che poi vo- lò nel ciel co- lom- ba.

125. Ecco la luce

Anon.

I:Bc, Q140, 15'

Ec- co la lu- ce Ch'a noi con- du- ce
La stag- gion de' di- let- ti Mag- gio sen
vie- ne, Et han ri- pie- ni L'a- le de'
bei fio- ret- ti, l'a- le de'
1. 2.
bei fio- ret- ti. ti.

126. Perché mi fuggi

Anon.

I:Bc, Q140, 16

Per- ché mi fug- gi Ri- tro- set- ta pa- sto- rel- la Per- che mi
fug- gi O d'a- mor em- pia ru- bel- la Se tu m'hai fe- ri- t'il co- re Che per
sé si strug- ge, che per sé si strug- ge e mo- re Dhe non fug- gi- re Che pur ai de-
si- re ve- der- mi spen- to Per gra- ve tor- men- to O per di- let- to Dhe a- pri- mi il
pet- to, O per di- let- to Dhe a- pri- mi il pet- to E ve- drai fi- ni- t'il
co- re Che per te si strug- ge, che per te si strug- ge e mo- re.

127. Vezzosett'e bella Clori

Anon.

I:Bc, Q140, 17-17'

Vez- zo- set- t'e bel- la Clo- ri Ve- r'ar- dor de mil- le co- ri
6
Dhe ri- mi- ra un che si mo- re Vol- gi, vol- gi quel- le
12
stel- le Vol- gi a me le lu- ci bel- le Dhe ri- mir a- ni- ma mi-
17
a Un che t'a- ma e ti de- si- a, un che t'a- ma e ti de- si- a,
22
dhe ri- mir a- ni- ma mi- a un che t'a- ma e ti de-
27
1. 2.
si- a, un che t'a- ma e ti de- si- a. si- a.

128. La mia Clori vezzosa

Anon.

I:Bc, Q140, 18-18'

La mia Clo- ri vez- zo- sa La mi- a Clo- ri a- mo- ro-
sa Quel- la che sem- bra col va- go suo vi- so Il se- ren pa- ra- di-
so, quel- la che sem- bra col va- go suo vi- so il se- ren pa- ra- di-
so Que- st'e'l mio ben e'l mio a- mor, que- st'è 'l mio ben e 'l mio a-
mor E la mia vi- ta La mia gio- ia in- fi- ni-
ta. Per lei vi- vo con- ten- to Nel- le

25
fiam- me d'a- mo- re E 'n sì gra- ve tor- men- to Vi- ve
29
lie- t'il mio co- re Né per al- tro de- si- o Can- gie-
33
ras- s'il cor mi- o, né per al- tro de- si- o can- gie-
37
ras- s'il cor mi- o Que- st'il mio ben e 'l mio a- mor, que- st'il mio ben e 'l mio a-
42
mor E la mia vi- ta La mia gio- ia in- fi- ni - ta.

129. Da queste selve, e questi alpestri monti

Anon.

I:Bc, Q140, 19

Da que- ste sel- ve, e que- sti al- pe- stri mon- ti
5
Ve- ni- te pron- ti, al- me nin- fe e pa- sto- ri Al
9
can- t'al bal- lo al suon ai dol- ci a- mo- ri, al
13
can- t'al bal- lo al suon ai dol- ci a- mo- ri.

130. La furiera de' bei lampi

Anon.

I:Bc, Q140, 19'-22

La fu- rie- ra de' bei lam- pi Che di Fe- b'il vol- t'in- do- ra- no
La fu- rie- ra de' bei lam- pi Che di Fe- b'il vol- t'in- do- ra- no
9
Men- tr'i fior tra ver- di cam- pi Del bel gior- no s'in- na- mo- ra-
Men- tr'i fior tra ver- di cam- pi Del bel gior- no s'in- na- mo- ra-
16
no Sue rug- gia- de par che scen- di- no On- d'i fior ge- ma-
no Sue rug- gia- de par che scen- di- no On- d'i fior ge- ma-
23
ti splen- do- no, men- tr'i fior tra ver- di cam- pi del bel gior- no s'in-
ti splen- do- no, men- tr'i fior tra ver- di cam- pi del bel gior- no s'in-

31
na- mo- ra- no sue rug- gia- de par che scen- di- no, on- d'i fior ge- ma-
na- mo- ra- no sue rug- gia- de par che scen- di- no, on- d'i fior ge- ma-
39
ti splen- do- no. O- chi au- ro- re rug- gia- do- se Dhe ba-
ti splen- do- no. O- chi au- ro- re rug- gia- do- se Dhe ba-
46
gna- t'il vol- to flo- ri- do La- cri- mi an- che vi- ve ro- se Spen- g'il
gna- t'il vol- to flo- ri- do La- cri- mi an- che vi- ve ro- se Spen- g'il
54
giel in- fau- st'et ho- ri- do E quei rai al hor a- vi- va- no
giel in- fau- st'et ho- ri- do E quei rai al hor a- vi- va- no

61
Quei di lu- ce an- cor le pri- va- no, la- cri- mi an- che vi- ve ro- se
Quei di lu- ce an- cor le pri- va- no, la- cri- mi an- che vi- ve ro- se
69
spen- g'il giel in- fau- st'et ho- ri- do e quei rai al hor a-
spen- g'il giel in- fau- st'et ho- ri- do e quei rai al hor a-
76
vi- va- no quei di lu- ce an- cor le pri- va- no. Stil- le d'al- ba ri- lu-
vi- va- no quei di lu- ce an- cor le pri- va- no. Stil- le d'al- ba ri- lu-
84
ce- te Non son per- le che di- stil- la- no Ma son la- cri-
ce- te Non son per- le che di- stil- la- no Ma son la- cri-

91
me ca- den- ti Che sue lu- ci ne di- stil- la- no Sua bel- tà che
me ca- den- ti Che sue lu- ci ne di- stil- la- no Sua bel- tà che
99
rat- ta fug- ge- si Par che ri- d'e in pian- to stru- ge- si, ma son
rat- ta fug- ge- si Par che ri- d'e in pian- to stru- ge- si, ma son
106
la- cri- me ca- den- ti che sue lu- ci ne di- stil- la- no Sue rug-
la- cri- me ca- den- ti che sue lu- ci ne di- stil- la- no Sue rug-
114
gia- de par che scen- di- no On- d'i fior ge- ma- ti splen- do- no.
gia- de par che scen- di- no On- d'i fior ge- ma- ti splen- do- no.

131. Perché sei bella

Anon.

I:Bc, Q140, 22' and 25

132. Gioite meco

Anon.

I:Bc, Q140, 23'-24

133. Quella bell'amor che sospirar ma fa

Anon.

I:Bc, Q140, 25

Quel - la bel - l'a - mor Che so - spi - rar mi fa Di mia di - par -
ti - ta Pur non sen - t'al cuor pie - tà O fa - tal do - lo - ri Che m'a -
i - t'al pian - t'hoi - mè Fon - ti fiu - mi a - mo - ri La - gri - ma - te voi per me.

134. Arsi un temp'e l'ardore

Anon.

I:Bc, Q140, 26

135. Destar potess'io pur in quel bel seno

Anon.

I:Bc, Q140, 26'-28'

[Prima parte]
De- star po- tes- s'io pur in quel bel se-
no Qual- che bre- ve pie- tà del mio
do- lo- re, qual- che bre- ve pie- tà del
mio do- lo- re
[Seconda parte]
Fe- li- c'il
pian- t'io for- tu- na- t'a ple- no
Se la mi- ras- s'e so- spi- rar d'a- mo- re, se

31
la mi- ras- s'e so-spi- rar d'a- mo-
36
[Terza parte]
re Ah mi- se- ro che spe- ro ha- ves- s'al-
41
me- no Da quel- la bel- la man mor-
46
te'l mi- o co- re, da quel- la bel- la
51
[Quarta parte]
man mor- te 'l mi- o co- re Tu
56
lu - me A- mor che la mia mor- t'a- do- ra

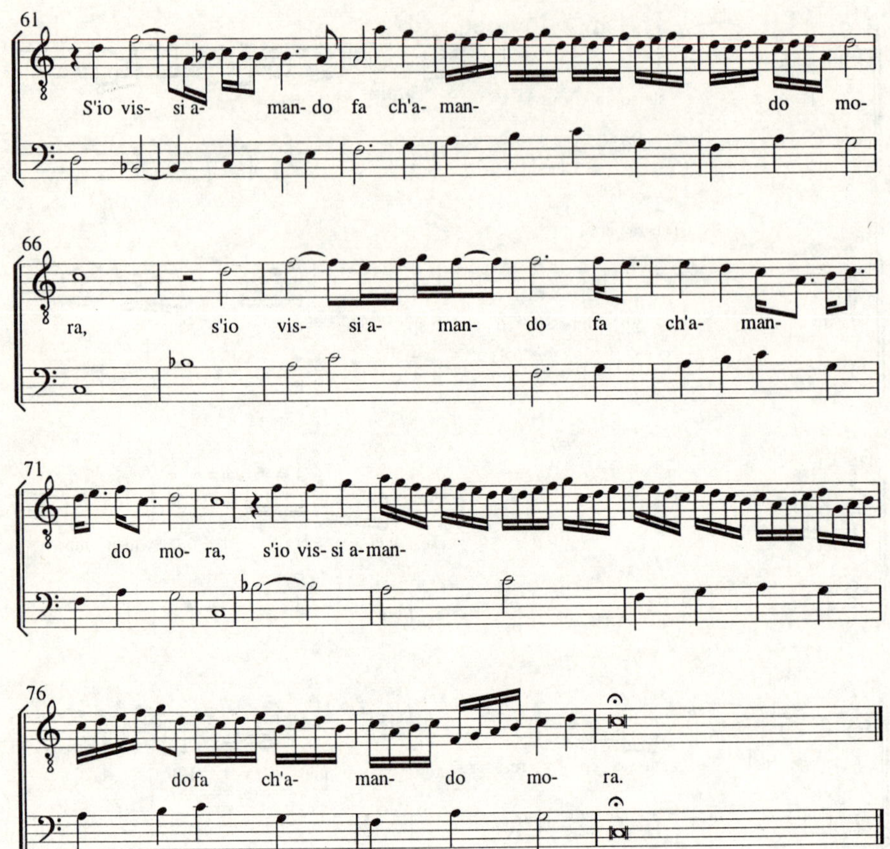
61
S'io vis- si a- man- do fa ch'a- man- do mo-
66
ra, s'io vis- si a- man- do fa ch'a- man-
71
do mo- ra, s'io vis- si a-man-
76
do fa ch'a- man- do mo- ra.

136. Giovinetta vezzosa

Anon.

I:Bc, Q140, 29

Gio- vi- net- ta vez- zo- sa Che dal- le guan- ci en- tro ver-
4
mi- gli fio- ri Pri- ma- ve- ra d'a- mor a- por- t'i co-
8
ri Pri- ma- ve- ra d'a- mor lie- t'e fa- sto- sa Gio- vi- net- t'a- mo-
11
ro- sa, gio- vi- net- t'a- mo- ro- sa Se per te
15
si mo- re pren- di l'al- ma gra- di- ta pren- d'il mio co-
19
re, mio co- re.

137. Occo Silvio colei che 'n odio tanto

Anon.

Battista Guarini, *Il pastor fido*, IV, 9

I:Bc, Q140, 30-31'

Ec- co Sil- vio co- lei che 'n o- dio tan- to Ec-
6
co- l'in quel- la gui- sa Che la vo- le- v'a pun- to Bra- ma- sti- la fe-
11
rir: fe- ri- ta l'a- i Bra- ma- sti- la tua pre- da: ec- co- la
16
pre- da Bra- ma- sti- la al fin mor- ta: ec- co- la
21
mor- ta. Che vuoi più tu da lei che ti puol
26
dar Più di que- sto Do- rin- da? Ahi gar- zon cru-

31
do Ahi cor sen- za pie- tà tu non cre- de- vi La
36
pia- ga che per te mi fei a- mo- re Poi tu que- sta ne-
41
gar del- la tua ma- no Non ha cre- du- t'il san- gue Ch'io ver- sa-
46
va da- gl'oc- chi Cre- de- rai que- sto che il mio san- gue ver- sa
51
Ma se con la pie- tà non e in te spen- ta La bel- lez- z'e 'l va- lor che
55
te- co nac- que Non mi ne- gar, non mi ne-

61
gar ti pre- go An- ni- ma cru- da sì,
6
5
66
ma bel- la Non mi ne- gar al ul- ti-
71
mo so- spi- ro Un tuo so- lo so- spir. Be- a- ta mor- te, be-
77
a- ta mor- te Se l'a- dol- cis- si tu con que- sta so-
pe- rò
7 6
83
la Vo- ce cor- te- s'e pi- a: Va in pa- ce
89
a- ni- ma mi- a, va in pa- ce a- ni- ma mi- a.

138. Per te me struggo sol, sol per te moro

Anon.

I:Bc, Q140, 32-33'

[Prima parte]
Per te mi strug- go sol, sol per te mo-
6
ro An- ni- ma del mi- o cor tan- to gra- di- ta,
12
an- ni- ma del mio cor tan-
16
to gra- di- ta
[Seconda parte]
Tu sol la spe- me
21
sei ch'el mio mar- to- ro Ren-
26
der può dol- ce et mi può dar a- i- ta, ren- der

31
può dol- ce et mi può dar a- i- ta
36
[Terza parte]
I- do- lo mio cru- del ch'in ter- ra a- do-
41
ro Tu sol sei il mio the- sor tu
46
la mia vi- ta, tu sol sei il mio the-
51
[Quarta parte]
sor tu la mia vi- ta In te pen-
56
san- do sol si scor- d'el co- re

61
O- gn'af- fa- n'o- gni pe- n'o- gni
65
do- lo- re, o- gn'af- fa- n'o- gni pe-
70
n'o- gni do- lo- re.

139. Dovrò dunque morire

Giulio Caccini

I:Bc, Q140, 34-34'

140. Fuggon i giorni

Anon.

I:Bc, Q140, 35

Fug- gon i gior- ni Ca- ri, et a- dor- ni La piog- g'e 'l gie- lo Ca-
Fug- gon i gior- ni Ca- ri, et a- dor- ni La piog- g'e 'l gie- lo
8
de dal cie- lo Hor la pro- cel- la Spie- ta- t'e fel- la
Ca- de dal cie- lo Hor la pro- cel- la Spie- ta- t'e
15
Mo- ve tem- pe- sta Ho- ri- d'e me- sta.
fel- la Mo- ve tem- pe- sta Ho- ri- d'e me- sta.

141. Dhe scoprite colorite

Anon.

I:Bc, Q140, 36

142. Aure belle aure vezzose

Anon.

I:Bc, Q140, 36'

143. Ecco la primavera

Anon.

I:Bc, Q140, 37'-38

29
sa- lu- ta- te- la voi, sa- lu- ta- te- la voi, sa- lu-
voi, sa- lu- ta- te- la voi, sa- lu-

35
ta- te- la voi per l'a- ria au- gel- li.
ta- te- la voi per l'a- ria au- tel- li.

144. Filli gentile perché fug'ogn'hora

Filippo Piccinini

I:Bc, Q140, 38'

3/4
Fil- li gen- ti- le per- ché fu- g'o- gn'ho- ra Un che t'a-
6
do- ra Dhe non fug- gir, dhe
11
non fug- gir O- d'il mio pian- to A- ma- ro tan- to
16
Vol- gi a- mo- ro- si gl'o- chi pie- to- si Ch'io vi- vrò
21
lan- gui- ro Strug- ge- ro lie- t'a mor- te n'an- dro.

145. Bona sera mastro Taddeo

Anon.

I:Bc, Q140, 39'

Bo- na se- ra ma- stro Tad- de- o Ma- stro
4
mu- si- co gen- ti- le Che col vo- stro ro- co
7
sti- le Gna- vo- la- te da giu- de- o Bo- na se- ra ma- stro Tad-
11
de- o, bo- na se- ra ma- stro Tad- de- o.

146. Splendete sereni

Anon.

I:Bc, Q140, 40'

Splen- de- te, splen- de- te se- re- ni, se-
3
re- ni O lu- ci che se- te Il mio sol e 'l mio be- ne Son dol- ci le pe- ne Per
6
lu- ci gra- di- te Vol- ge- te quei sguar- di Mi- ra- te quei
9
dar- di Fe- ri- te fe- ri- te.

147. Più non amo più non ardo

Giuseppino Cenci?

I:Bc, Q140, 41

Più non a- mo più non ar- do Ne d'a- mor il cru- do dar- do Più non
mi fe- ri- se il co- re Con tor- men- t'e con do- lo- re Fa la
la li la don do- rin do- na Fan- to- ri- nel- la o Bel- la bel- la di- co a
te Più non t'a- mo non a la fè. fè.
1.
2.

148. Fuggi fuggi dolente mio core

Hipolito Macchiavelli

Raccolta de varii concerti musicali (Rome: Robletti, 1621), 17

1. Fug- gi fug- gi do- len- te mio co- re Que- sta ch'a- mi con
2. Go- di, go- di la bel- la gra- di- ta So- a- vis- si- ma
3. Se- gui A- mo- re di bel- la, e fe- de- le, Che sde- gno- sa non
4
tan- ta fè, Poi- ché sde- gna la cru- da al tuo a- mo-
li- ber- tà, Fug- gi fug- gi la pe- na in- fi- ni-
fia di tè, Fug- gi ar- do- re di fe- ra cru- de-
7
re, la cru- da al tuo a- mo- re Dar giu- sta mer- cè, dar
ta, la pe- na in- fi- ni- ta Ch'a- mor sem- pre da, ch'a-
le, di fe- ra cru- de- le Che man- ca di fè, che
10
giu- sta mer- cè Non t'av- ve- di se la spie- ta-
mor sem- pre da; E se va- go pur sei d'a- mo-
man- ca di fè Bel- la, dol- ce, soa- ve, e gra- di-
13
ta Che di- spreg- gia l'es- ser a- ma- ta, Te fug- ge
re Que- sta fe- ra che non ha co- re Di- prez- za,
ta E la spe- me di que- sta vi- ta Fi- ni- re,

16
E sem- pre ti strug- ge Mio cor,
E tan- ta du- rez- za Mio cor,
Che sem- pre gio- i- re, Mio cor,
19
mio cor deh non l'a- ma- re, S'ad o- gn'ho- ra ti fa pe-
mio cor deh non l'a- ma- re, S'ad o- gn'ho- ra ti fa pe-
mio cor deh non l'a- ma- re, S'ad o- gn'ho- ra ti fa pe-
23
na- re, s'ad o- gn'ho- ra ti fa pe- na- re, non l'a-
na- re, s'ad o- gn-ho- ra ti fa pe- na- re, non l'a-
na- re, s'ad o- gn'ho- ra ti fa pe- na- re, non l'a-
26
ma- re, non l'a- ma- re s'ad o- gn'ho- ra ti
ma- re, non l'a- ma- re s'ad o- gn'ho- ra ti
ma- re, non l'a- ma- re s'ad o- gn'ho- ra ti
29
1. 2.
fâ pe- na- re, s'ad o- gn'ho- ra ti fa pe- na- re. re.
fâ pe- na- re, s'ad o- gn'ho- ra ti fa pe- na- re. re.
fâ pe- na- re, s'ad o- gn'ho- ra ti fa pe- na- re. re.

149. O cor sempre dolente

Giovanni Bernardino Nanino

Ghirlandetta amorosa (Orvieto: Fei & Ruuli, 1621)

25
spi- ri, can- gia, can- gia de- si- ri, o la- cri- me, o so-
Can- gia, can- gia de- si- ri, o
30
spi- ri, Ahi las- so, il cor di so- spi-
la- cri- me, o so- spi- ri, Ahi las- so,
37
rar de- si- a, e gl'oc- chi la- cri- mar la pe- na mi-
il cor di so- spi- rar de- si- a,
43
a e gl'oc- chi la- cri- mar la pe- na mi- a Se per no- ve bel-
e gl'oc- chi la- cri- mar la pe- na mi- a,

50
lez- ze, e no- ve pe- ne, So- spi- rar sem- pre, e la- cri-
56
mar con- vie- ne, se per no- ve bel- lez- ze, e no- ve pe-
Se per no- ve bel- lez- ze, e no- ve pe-
63
ne so- spi- rar sem- pre,
ne, so- spi- rar sem- pre, e la- cri- mar con- vie- ne, so- spi- rar
69
e la- cri- mar, e la- cri- mar, e la- cri- mar con- vie- ne.
sem- pre e la- cri- mar, e la- cri- mar con- vie- ne.

150. Disse costei e gl'occhi su le gote

Giovanni Bernardino Nanino

Raccolta de varii concerti musicali (Rome: Robletti, 1621), 3-4

Prima parte
Dis- se co- stei e gl'oc- chi su le go- te Lo scris- se- ro con la- gri-
me d'a- mo- re Se fia mai ch'al- tra fia- m'ar- d'il mio co- re Non ha ful- mi- ni il
ciel Se nol per- co- te Non ha ful- mi- ni il ciel se
nol per- co- te.
Seconda parte
Hor co- me pri- gio- nier fia fra re- mo- te
Gen- ti a cui na- sce il sol quan- do a noi mo- re O sia 'l mio spir- to da le mem- bra
fuo- re Già ri- tor- na- to al- le ce- le- ste ro- te, già ri- tor-

31
tr
tr
Terza parte
na- t'al- le ce- le- ste ro- te. La fè pro- mes- sa al
36
[sic]
pos- to in o- bli- o Per bre- ve lon- ta- nan- za al- tri a chia- ma-
41
Quarta parte
to A pos- se- der l'an- ti- co re- gno mi- o. Hor so
46
che quel che fe- mi- na ha [...] Scri- ver con- vien so- vra un cor- ren- te ri-
51
o, O so- vra l'a- er d'A- qui- lon tur- ba- to, o so- vra
55
l'a - er d'A- qui- lon tur- ba- to.

151. Per cercar terra ignota e pelegrina

Giovanni Bernardino Nanino

Giuseppe Giamberti, *Poesie diverse poste in musica* (Rome: Soldi, 1623)

37
Di ciò che to- glie l'hor mor- te co- m'om- bra Ma
44
son di quel ar- dor ch'il cor m'in- gom- bra Che non con- su- ma il
51
tem-po o- pra di- vi- na, che non con- su- m'il
56
tem- po o- pra di- vi-
60
Terza parte
na. Gi- ri se sa gi- rar l'in- sta- bil sor- te, l'in- sta- bil sor- te,
67
m'as- sa- glia no- vo a- mor con no- va guer-
72
ra Don- na non sia ch'il vo- stro a- mor, ch'il vo- stro a- mor mi to- glia, don-

79
na non sia ch'il vo- stro a- mor, ch'il vo- stro a-
82
Quarta parte
mor mi to- glia. V'a- me- rò vi- vo e mor- to in cie- lo e in ter-
90
ra, Non can- gie- rà que- sta mia fer- ma vo- glia
97
Luo- go tem- po for- tu- na a- mor o mor- te, luo-
103
go, tem- po for- tu- na a- mor
106
o mor- te.

152. Se perché a voi mi tolga e più non v'ami

Gioseppe Cenci

Raccolta de varii concerti musicali (Rome: Robletti, 1621), 8-10

Prima parte
Se perché a voi mi tolga e più non v'a- mi
Sem- pre più cru- da se- te al mio lan- gui- re
Don- na bel- la e cru- del va- no è 'l de- si- re,
don- na bel- la e cru- del va- no è 'l de- si- re.
Seconda parte
Al- l'hor ch'il mio de- sti- no a voi mi die- de Sen-
tei pas- sar- m'il cor sol nel mi- rar- vi

37
Ma non la- sciai pe- rò cru- del d'a- mar- vi, ma non
43
la- sciai pe- rò cru- del d'a- mar- vi.
49 Terza parte
Sem- pre v'a- ma- rò ca- ra mia vi- ta
55
E ben ch'il gran do- lor mi spin - ga a mor- te
61
Ten- go il mo- rir per voi fe- li- ce, ten-
67
go il mo- rir per voi fe- li- ce.

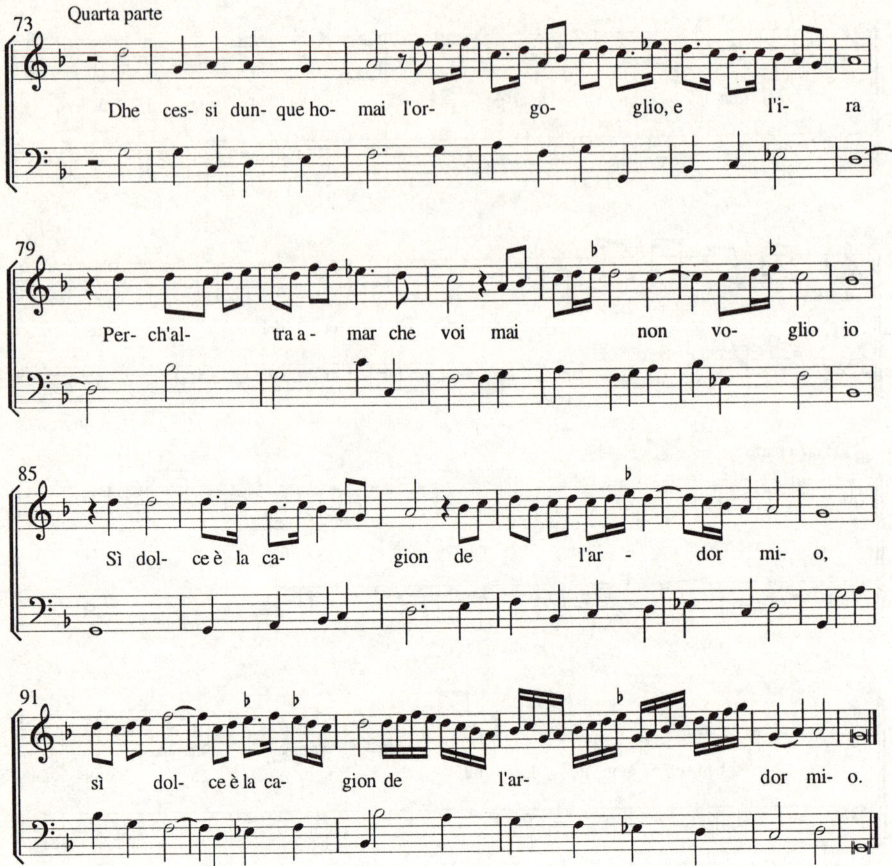
73
Quarta parte
Dhe ces- si dun- que ho- mai l'or- go- glio, e l'i- ra
79
Per- ch'al- tra a- mar che voi mai non vo- glio io
85
Sì dol- ce è la ca- gion de l'ar - dor mi- o,
91
sì dol- ce è la ca- gion de l'ar- dor mi- o.

153. Occhi un tempo mia vita

Gioseppino *Cenci*

I:Bc, Q27.4, 124-125

Oc- chi un tem- po mia vi- ta, Oc- chi di que- sto cor dol- ci so-
Oc- chi un tem- po mia vi- ta, Oc- chi di que- sto cor dol- ci so-
8
ste- gni, Voi mi ne- ga- te a- i- ta! Que- sti son ben del- la mia
ste- gni, Voi mi ne- ga- te a- i- ta! Que- sti son ben del- la mia
15
mor- te i se- gni. Non più spe- me o con- for- to, Tem- po è ben
mor- te i se- gni. Non più spe- me o con- for- to, Tem- po è ben
22
di mo- rir, a che più tar- do? Oc-chi ch'a sì gran tor - to Mo - rir mi fa-
di mo- rir, a che più tar- do? Oc-chi ch'a sì gran tor - to Mo - rir mi fa-
31
te, a che tor - ce-te il guar - do? For-se per non mi - rar co - m'io v'a-do - ro? Mi-
te, a che tor - ce-te il guar - do? For-se per non mi - rar co - m'io v'a-do - ro? Mi-
38
ra - te al - men ch'io mo - ro! Mi - ra - te al - men ch'io mo - ro!
ra - te al - men ch'io mo - ro! Mi - ra - te al - men ch'io mo - ro!

154. Occhi ch'alla mia vita

Giuseppino *Cenci*

Reconstructed from Pietro Maria Marsolo, *Secondo libro dei madrigali a quattro voci* (1614)

25
Stel- le chia -re e lu- cen- ti, Con- for- to dei
29
tor- men- ti, Spec- chio d'o- gni bel- ta- te, Do- ve, do- ve la-
33
scia- te La do- glio- sa mia vi- ta Cui do- na- ste fe-
37
ri- ta Pie- na di tal di- let- to Ch'io v'of- fe- ri- va il pet-
41
to, Ch'io v'of- fe- ri- va il pet- to?

155. Vita della via vita egl'è pur vero

Gioseppe Cenci

Le risonanti sfere da velocissimi ingegni armonicamente raggirate (Rome: Robletti, 1629), 6-7

[Prima parte]

Vi- ta del- la mia vi- ta e- gl'è pur ve- ro

8
Ch'iovi- va sen- za voi mi- ser e so- lo Ch'io vi- va

Seconda parte

15
sen- za voi mi- ser e so- lo. Se non quan- to con

21
l'a- li del pen- sie- ro Pien d'ar- den- te de-

27
sio m'i- nal- z'a vo- lo, pien d'ar- den- te de-

33
sio m'i- nal- z'a vo- lo.

37
Terza parte
E ven - go per drit - tis - si - mo sen - tie - ro
42
A sfo - gar vo - sc'il mio an - go - scio - so duo - lo,
49
a sfo - gar vo - sc'il mio ango - scio - so duo - lo
55
Quarta parte
Ma si bre - v'è la gio - ia è si fu - ga -
60
ce Ch'io non ho col mio ben tre -
65
gua né pa - ce non ho col mio
69
ben tre - gua né pa - ce.

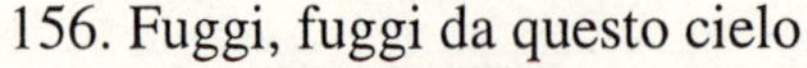

156. Fuggi, fuggi da questo cielo

Giuseppino *Cenci*

I:Fc, Barbera, 158 [82']

Fug- gi, fug- gi, fug- gi da que- sto cie- lo A- spro, e
Vie- ni, vie- ni can- di- da vien ver- mi- glia Tu del
Vie- ne, vie- ni, vie- ni leg- gai- dra e va- ga Pri- ma-

5

du- ro, spie- ta- to gie- lo Tu che il
mon- do sei me- ra- vi- glia Tu ne-
ve- ra d'a- mor pre- sa- ga Del- lo

8

tut- t'in pri- gion e- le- ghi Né per pian- to ti fran- gi o
mi- ca d'a- ma- re not- te A- ma- ris- si- ma de- le
Zef- fi- ro che s'in- vi- ta Del- la ter- ra col ciel ma-

11

pie- ghi Fier ti- ran- no Giel del- l'an- no Fug- gi, fug- gi,
gio- ie Mes- seg- gie- ra Pri- ma- ve- ra Tu sei del- l'a-
ri- ta Al suo rag- gio Ven- ga mag- gio Pie- no, pie- no il

14

fug- gi la do- v'è il ver- no Su le bri- ne per seg- gio e- ter- no.
ni- mo la gio- vi- nez- za Su del mon- do sei la va- ghez- za.
grem- bo di bei fio- ret- ti Vien tu stra- li dhe zef- fi- ret- ti.

157. Mentre che Febo con suoi raggi d'oro

Pelegrino Mutij

Ghirlandetta amorosa (Orvieto: Fei & Ruuli, 1621)

Men- tre che Fe- bo con suoi rag- gi
Quan- do l'au- ro- ra con rug- gia- de, e
Men- tre la not- te tra dol- c'om- br'a-
Men- tre che Fe- bo, men- tre che Fe- bo con suoi rag- gi
Quan- do l'au- ro- ra, quan- do l'au- ro- ra con rug- gia- de, e
Men- tre la not- te, men- tre la not- te tra dol- c'om- br'a-
7
d'o- ro, Da me- zo gior- no, e quan- d'ar- de la ter- ra,
fio- ri, La ter- ra in- gem- ma, de' più bei co- lo- ri,
ma- te, Sco- pre la pom- pa, del- le stel- le au- ra- te,
d'o- ro, Da me- zo gior- no, e quan- d'ar- de la ter- ra,
fio- ri, La ter- ra in- gem- ma, de' più bei co- lo- ri,
ma- te, Sco- pre la pom- pa, del- le stel- le au- ra- te,
11
Van- n'i lie- ti pa- stor col greg-
Can- tan nin- fe d'a- mor dol- ci
La- scian lie- ti pa- stor al- l'a-
Van- n'i lie- ti pa- stor col greg-
Can- tan nin- fe d'a- mor dol- ci
La- scian lie- ti pa- stor al- l'a-

15
g'a- ma- to, Al fon- t'al- l'om- br'al pra-
pa- ro- le, Al- l'au- ra al- l'al- ba al so-
er fo- sco, Il pra- to il fon- te il bo-
g'a- ma- to, Al fon- t'al- l'om- bra, al fon- t'al- l'om- br'al pra-
pa- ro- le, Al- l'au- ra al- l'al- ba, al l'au- ra al- l'al- ba al so-
er fo- sco, Il pra- to il fon- te, il pra- to il fon- te il bo-
19
to, al fon- t'al- l'om- bra al pra- to.
le, al- l'au- ra al- l'al- ba al so- le.
sco, il pra- to il fon- te il bo- sco.
to, al fon- t'al- l'om- bra, al pra- to.
le, al- l'au- ra al- l'al- ba, al so- le,
sco, il pra- to il fon- te, il bo- sco.
23
Chi fa ghir-lan- det- te di fio- ri, ed'her- bet- te,
Chi ter- ge la fron- te nel lu- ci- do fon- te,
Chitrag- ge dal pet- to dol-cez-za, e di- let- to,
Chican- ta d'a- mo- re, chi a- ma il suo
Chi to- glie da' pra- ti, i fio- ri o- do-
Chisfo- g'il tor- men- to condol- ce con-

28
Chi bra- m'e de- si- a lo- dar Fil- li mi- a, chi bra- m'e de-
Chi lo- d'il bel vol- to che l'al- ma m'ha tol- to, chi lo- da il bel
Chi sfo- g'il tor- men- to con dol- ce con- cen- to, chi sfo- g'il tor-
co- re, Chi bra- m'e de- si- a lo- dar Fil- li mi- a, chi bra- m'e de-
ra- ti, Chi lo- d'il bel vol- to che l'al- ma m'ha tol- to, chi lo- da il bel
cen- to, chi sfo- g'il tor- men- to con dol- ce con- cen- to, chi sfo- g'il tor-
31
si- a lo- dar Fil- li mi- a, Al- tri pie- ni d'ar- dor, e di de-
vol- to, che l'al- ma m'ha tol- to, Io con no- bi- le suon, di ce- tra
men- to, con dol- ce con- cen- to, Io sol al- lo splen- dor, di chia- re
si- a lo- dar Fil- li mi- a, Al- tri pie- ni d'ar- dor, e di de-
vol- to, che l'al- ma m'ha tol- to, Io con no- bi- le suon, di ce- tra
men- to, con dol- ce con- cen- to, Io sol al- lo splen- dor, di chia- re
36
si- o, Va no- tan- do per l'on- da, va no- tan- do per
d'o- ro, Vo can- tan- do la nin- fa, vo can- tan- do la
stel- le, Vo can- tan- do le fiam- me, vo can- tan- do le
si- o, va no- tan- do per l'on- da, per
d'o- ro, vo can- tan- do la nin- fa, la
stel- le, vo can- tan- do le fiam- me, le

40
l'on- da, va no- tan- do per l'on- da, per
nin- fa, vo can- tan- do la nin- fa, la
fiam- me, vo can- tan- do le fiam- me, le
l'on- da, va no- tan- do per l'on- da, va no- tan- do per l'on- da, per
nin- fa, vo can- tan- do la nin- fa, vo can- tan- do la nin- fa, la
fiam- me, vo can- tan- do le fiam- me, vo can- tan- do le fiam- me, le
44
l'on- da del ri- o, va no- tan- do per l'on- da, va no-
nin- fa ch'a- do- ro, vo can- tan- do la nin- fa, vo can-
fiam- me no- vel- le, vo can- tan- do le fiam- me, vo can-
l'on- da del ri- o, va no- tan- do per l'on-
nin- fa ch'a- do- ro, vo can- tan- do la nin-
fiam- me no- vel- le, vo can- tan- do le fiam-
47
tan- do per l'on- da del ri- o, per l'on- da del ri- o.
tan- do la nin- fa ch'a- do- ro, la nin- fa ch'a- do- ro.
tan- do le fiam- me no- vel- le, le fiam- me no- vel- le.
da, per l'on- da del ri- o, per l'on- da del ri- o.
fa, la nin- fa ch'a- do- ro, la nin- fa ch'a- do- ro.
me, le fiam- me no- vel- le, le fiam- me no- vel- le.

158. Ite dolenti miei sospiri

Pellegrino Mutij

Raccolta de varii concerti musicali (Rome: Robletti, 1621), 10

159. Mille scherzi, e canti belli

Pelegrino Mutij

Vezzosetti fiori di varii eccellenti autori (Rome: Robletti, 1622), 30-31

10
van di ra- mo in ra- mo Con vo- ce di pie-
van- no ai ver- di pra- ti I pa- sto- rel- li am-
van l'her- bet- te e i fio- ri A- pren- do il se- no a i
l'hor con pas- so len- to Il fiu- me ch'ha le
Dol- ce can- tan- do van di ra- mo in ra- mo Con vo- ce di pie-
LIe- ti sal- tan- do van- no ai ver- di pra- ti I pa- sto- rel- li a-
Dol- ce scher- zan- do van l'her- bet- te e i fio- ri A- pren- do il se- no a i
Scor- re fra l'her- be al- l'hor con pas- so len- to Il fiu- me ch'ha le
13
ta- d'io a- mo io a- mo. Io sol pien di do-
man- ti in- na- mo- ra- ti.
ma- tu- ti- ni al- bo- ri.
spon- de e 'l let- to ar- gen- to.
ta- d'io a- mo io a- mo.
man- ti in- na- mo- ra- ti.
ma- tu- ti- ni al- bo- ri.
spon- de e 'l let- to ar- gen- to.
16
lor, io sol pien di do- lor vò
Io sol pien di do- lor io sol pien di do-

19
d'o- gni in- tor- no Chia- man- do o- gn'hor co- lei, chia-
lor vo d'o- gni in- tor-` no Chia- man- do o- gn'hor co-
23
man- do o- gn'hor co- lei Co- lei ch'è 'l sol de gli oc- chi mie-
lei, chia- man- do o- gn'hor co- lei Co- lei ch'è 'l sol de gli oc- chi mie-
27
i, chia- man - d'o- gn'hor co- lei, chia- man- d'o- gn'hor co-
i, chia- man - d'o- gn'hor co- lei, chia-
31
lei, co- lei ch'è 'l sol de- gli oc- chi mie- i.
man - d'o- gn'hor co- lei, co- lei ch'è 'l sol de- cli oc- chi mie- i.

160. Vaghi rai de cigli ardenti

Pelegrino Mutij

Vezzosetti fiori di varii eccellenti autori (Rome: Robletti, 1622), 19

Va- ghi rai de ci- gli ar- den- ti, Più co- cen- ti, che del
Me mi- ra- te rag- gi ar- den- ti, Più lu- cen- ti, che del
Già fra pian- ti, e fra so- spi- ri, I mar- ti- ri l'ar- dor
Va- gi rai de ci- gli ar- den- ti, Più co- cen- ti, che del
Me mi- ra- te rag- gi ar- den- ti, Più lu- cen- ti, che del
Già fra pian- ti, e fra so- spi- ri, I mar- ti- ri l'ar- dor
sol non son i ra- i, che del sol non son i ra- i,
sol non so- no i ra- i, che del sol non so- no i ra- i,
mio tan- to af- fir- ma- i, l'ar- dor mio tan- to af- fir- ma- i,
sol non son i ra- i, che del sol non son i ra- i,
sol non so- no i ra- i, che del sol non so- no i ra- i,
mio tan- to af- fir- ma- i, l'ar- dor mio tan- to af- fir- ma- i,
Vin- ti al fin da la pie- ta- te, vin- ti al fin
E del cor tra- he- te fuo- re, e del cor
E pur voi la- scia- te al ven- to, e pur voi

14
da la pie- ta- te, Mi mi- ra- te va- ghi
tra- he- te fuo- re, Il do- lo- re, e l'an-
la- scia- te al ven- to, O- gni ac- cen- to, va- ghi
Mi mi- ra- te va- ghi
Il do- lo- re, e l'an-
O- gni ac- cen- to, va- ghi
18
ra- i che tan- t'a- ma- i, va- ghi rai che tan- to a- ma- i, va- ghi
go- scia de miei gua- i, e l'an- go- scia de miei gua- i, e l'an-
ra- i che tan- to a- ma- i, va- ghi rai che tan- to a- ma- i, va- ghi
ra- i che tan- t'a- ma- i, va- ghi rai che tan- to a- ma- i, va- ghi
go- scia de miei gua- i, e l'an- go- scia de miei gua- i, e l'an-
ra- i che tan- to a- ma- i, va- ghi rai che tan- to a- ma- i, va- ghi
22
ra- i che tan- t'a- ma- i, va- ghi rai che tan- to a- ma- i.
go- scia de miei gua- i, e l'an- go- scia de miei gua- i.
ra- i che tan- t'a- ma- i, va- ghi rai che tan- to a- ma- i.
ra- i che tan- t'a- ma- i, va- ghi rai che tan- to a- ma- i.
go- scia de miei gua- i, e l'an- go- scia de miei gua- i.
ra- i che tan- t'a- ma- i, va- gi rai che tan- to a- ma- i.

161. La mia Clori vezzosa

Pellegrino Mutij

L'aurata Cintia armonica (Orvieto: Fei & Ruuli, 1622)

1. La mia Clo- ri vez- zo- sa, La mia Clo- ri a- mo- ro-
1. La mia Clo- ri vez- zo- sa, La mia Clo- ri a- mo- ro-
5
sa, quel- la che sem- bra col va- go suo vi- so, il se- ren pa- ra- di-
sa, quel- la che sem- bra col va- go suo vi- so, il se- ren pa- ra- di-
9
so, quel- la che sem- bra col va- go suo vi- so il se- ren pa- ra- di- so,
so, quel- la che sem- bra col va- go suo vi- so il se- ren pa- ra- di- so,
14
Que- st'e 'l mio ben e'l mio a- mor, que- st'è'l mio ben e'l mio a-
Que- st'e 'l mio ben e'l mio a- mor

18
mor e la mia vi- ta, La mia gio- ia in- fi- ni-
e la mia vi- ta, La mia gio- ia, la mia gio- ia in- fi- ni-
22
ta, Per lei vi- vo con- ten- to, nel- le
ta, nel- le
26
fiam- me d'A- mo- re, E 'n sì gra- ve tor- men- to, vi- ve
fiam- me d'A- mo- re, vi- ve
30
lie- to il mio co- re, né per al- tro de- si- o, can- ge-
lie- to il mio co- re, né per al- tro de- si-` o, can- ge-

34
rat- t'il cor mi- o, né per al- tro de- si- o, can- ge-
rat- t'il cor mi- o, né per al- tro de- si- o, can- ge-
38
rat- t'il cor mi- o. 2. Can- gi il tem- po, e l'e- ta-
rat- t'il cor mi- o. 2. Can- gi il tem- po, e l'e- ta-
42
de, La ter- re- na bel- ta- de, Hor chiu- da l'al- ba hor sco- pra se-
de, La ter- re- na bel- ta- de, Hor chiu- da l'al- ba hor sco- pra se-
46
re- no, Il suo can- di- do se- no, hor chiu- da l'al- ba hor sco- pra se-
re- no, Il suo can- di- do se- no, hor chiu- da l'al- ba hor sco- pra se-

50
re- no il suo can- di- do se- no, Fug- gan le stel- le del
re- no il suo can- di- do se- no,
54
ciel, fug- gan le stel- le del ciel, E fug- ga il gior-
Fug- gan le stel- le del ciel, E fug- ga il gior-
58
no, Ri- da il sol tut- to a- dor- no, O- gni
no, Ri- da il sol, ri- da il sol tut- to a- dor- no,
62
co- sa cre- a- ta, Mu- ti vo- glia, o sem- bian- te, Io per
Mu- ti vo- glia, o sem- bian- te,

66
Clo- ri- da a- ma- ta, Vi- vrò sem- pre co- stan- te, Né per
Vi- vrò sem- pre co- stan- te, Né per
70
al- tro de- si- o, Can- ge- rat- t'il cor mi- o, né per
al- tro de- si- o, Can- ge- rat- t'il cor mi- o, né per
74
al- tro de- si- o, can- ge- rat- t'il cor mi- o.
al- tro de- si- o, can- ge- rat- g'il cor mi- o.
78
3. Non sar- rà mai va- ghez- za, O ce- le- ste bel- lez-
3. Non sar- rà mai va- ghez- za, O ce- le- ste bel- lez-

82
za, Né fia che tur- bi lo sde- gno a- mo- ro- so, Il mio sta- to gio- io-
za, Né fia che tur- bi lo sde- gno a- mo- ro- so, Il mio sta- to gio- io-
86
so, né fia che tur- bi lo sde- gn'a- mo- ro- so, il mio sta- to gio- io-
so, né fia che tur- bi lo sde- gn'a- mo- ro- so, il mio sta- to gio- io-
90
so, Di sce- mar tan- t'ar- dor, di sce- mar tan- t'ar-
so, Di sce- mar tan- t'ar- dor
94
dor La lon- ta- nan- za, Non ha- vrà mai pos- san-
La lon- ta- nan- za, Non ha- vrà, non ha- vrà mai pos- san-

98
za, Sol o pa- ce, o di- let- to, Nel bel-
za, Nel bel-
102
lis- si- mo vol- to, Al dol- cis- si- mo a- spet- to, Sem- pr'il
lis- si- mo vol- to, Sem- pr'il
106
guar- d'ho ri- vol- to, Né per al- tro de- si- o, Can- ger- rat- t'il cor mi-
guar- d'ho ri- vol- to, Né per al- tro de- si- o, Can- ger- rat- t'il cor mi-
111
o, né per al- tro de- si- o, can- ger- rat- t'il cor mi- o.
o, né per al- tro de- si- o, can- ger- rat- t'il cor mi- o.

162. Su l'oriente

Oratio *Michi* dell'Arpa

I:Rcas, MS 2490, 55-56

37
gi- ro Co- me s'ha- ves- ser l'a- li Le vi- te de' mor- ta- li, E la spe-
43
m'e 'l de- si- o scher- ni- to fu, e la spe- m'e 'l de- si-
49
o scher- ni- to fu Fol- li noi, fol- li noi di qua giù, fol- li
55
noi, fol- li noi di qua giù, Rio fu- ga- ce il pia- cer
61
ch'al mar se 'n va, ch'al mar se 'n va E per Tan-
69
ta- lea se- te ac- que non ha, e per Tan- ta- lea se-
73
te ac- que, ac- que non ha.

163. Empio cor, core ingrato

Horatio *Michi* dell'Arpa

I:Rcas, MS 2472, 64-65

Em- pio cor, co- re in- gra- to, em- pio cor,
co- re in- gra- to, M'han le tue col- pe a que- sto le- gno af-
fis- so, E 'l mio pet- to sve- na- to, A- pre per te,
a- pre per te d'o- gni te- sor l'a- bis-
so, e 'l mio pet- to sve- na- to a- pre per
te, a- pre per te d'o- gni te- sor

25
l'a- bis- so.
29
Stra- le d'a- mor più for- te M'ha già fe-
33
ri- to a mor- te, stra- le d'a-
37
mor più for- te m'ha già fe- ri- to, fe-
41
ri- to, fe- ri- to a
45
mor- te, fe- ri- to à mor-

49
te, m'ha già fe- ri- to a mor- te. Già lan- gui-
55
sco, già mo- ro e non ri- spon- di Cor in-
60
gra- to em- pio cor, cor in- gra- to em- pio cor do- ve, do- ve t'a- scon- di,
64
già lan- gui- sco, già mo- ro, già mo- ro e non ri- spon-
68
di cor in- gra- to em- pio cor do- ve, do- ve t'a- scon- di, do- ve, do- ve t'a-
72
scon- di, em- pio cor cor in- gra- to do- ve t'a- scon- di, do- ve t'a- scon- di.

164. Perdan quest'occhi il sole

Orazio *Michi* del Arpe

CS:Pnm, II.La.2, 65-68; I:Rn, Ms. mus. 56, 50'-54'

31
E 'n se- gno che la fè pe- rir do- ve- a La man di mor- te re- a Di con-
35
giun-ger-vi o-sa- sti Ven-det-ta o cie-li, ven-det-ta o cie-li hor chi la su-so a cu-ra
41
Di pu- nir la sper- giu- ra Pio- ve- te o ful- mi- ni Su
46
l'em- pio ca- po il sol di nu- bi in- vol- ga- si O'in-
51
die- tro vol- ga- si S'at- ter- ri e ful- mi- ni La fal- la- ce ch'al-
56
tru- i'n- gan- nan- do va L'em- pia che fè non ha, l'em- pia che
61
Ritornello
fè non ha. Man- chi- li sot- to ai piè La ter-

65
ra of- fe- sa e fin dal cen- tro
69
che ro- ta- si
73
Ven- di- chi la mia fè Ma che prie- go? ma
77
che prie- go? sa- et- ta il ciel non ha
81
Per pu- nir la bel-
85
Ritornello
tà. Più chia- ri splen- do- no

88
Que- gl'oc- chi re- i che la mia mor- te bra-
92
ma- no Gli di- i che l'a- ma- no Lei
96
non of- fen- do- no E men- tre i cie- li a- mi- ci a lei si vol- ta- no
100
Me non a- scol- ta- no, e men- tre i cie- li a-
104
mi- ci a lei si vol- ta- no me non a- scol- ta- no.

165. In asenso di grado

Giovanni Bernardino Nanino

166. In asenso di grado

Giovanni Bernardino Nanino

167. Desenso di grado

Giovanni Bernardino Nanino

168. Desenso di grado

Giovanni Bernardino Nanino

169. Asenso di 3.a et desenso di 4.a

Giovanni Bernardino Nanino

8 10 8 10

5 3 5 3

8 10 8 10 3 1 3 5 8 ♭ 3 1 3 5 8 10 12

8 8 8

12 12 12

8 8 8

8 8

6 6 6

170. Asenso di 3.a, e descenso di 4.a

Giovanni Bernardino Nanino

171. Desenso di 3.a et asenso di 4.a

Giovanni Bernardino Nanino

172. Desenso di 3.a et asenso di 4.a

Giovanni Berdardino Nanino

173. Asenso di 4.a e desenso di 5.a

Giovanni Bernardino Nanino

174. Asenso di 4.a et desenso di 5.a

Giovanni Bernardino Nanino

175. Desenso di 4.a et asenso di 5.a

Giovanni Bernardino Nanino

176. Desenso di 4.a et asenso di 5.a

Giovanni Bernardino Nanino

177. Asenso di 6.a et desenso di 5.a

Giovanni Bernardino Nanino

178. Desenso di 6.a et asenso di 5.a

Giovanni Bernardino Nanino

179. Asenso, et desenso di 8.a

Giovanni Bernardino Nanino

180. Desenso, et asenso di 8.a

Giovanni Bernardino Nanino

181. Trattenimenti

Giovanni Bernardino Nanino

182. Trattenimenti

Giovanni Bernardino Nanino

183. Trattenimenti

Giovanni Bernardino Nanino

184. Seguitano altri contrapunti in proportione

Giovanni Bernardino Nanino

Asenso di Grado

Desenso di Grado

185.

Giovanni Bernardino Nanino

Asenso di 3.a, et desenso di 4.a

Desenso di 3.a, et asenso di 4.a

186.

Giovanni Bernardino Nanino

Asenso di 4.a, et desenso di 5.a

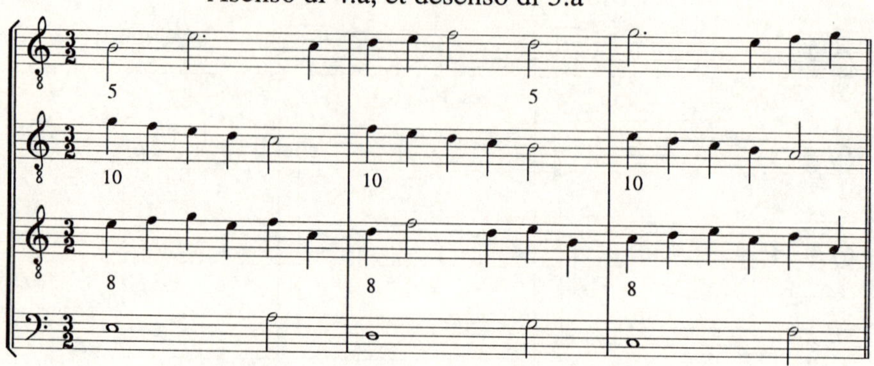

Desenso di 4.a, et asenso di 5.a

187.

Giovanni Bernardino Nanino

Asenso di 6.a, et desenso di 5.a

Desenso di 6.a, et asenso di 5.a

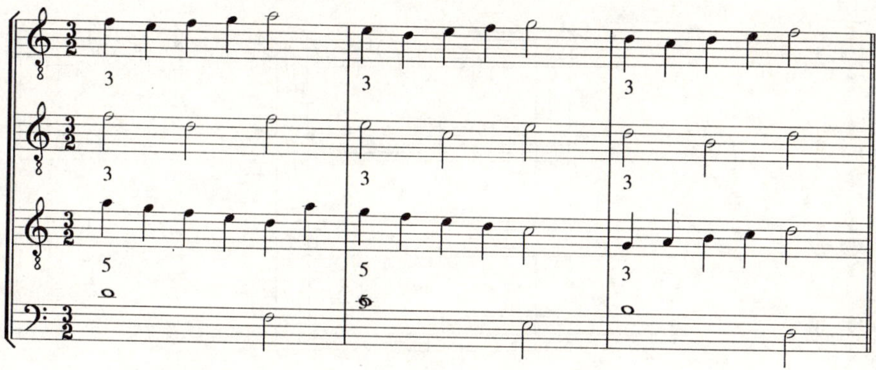

188.

Giovanni Bernardino Nanino

Asenso, et desenso di 8.a

Desenso, et asenso di 8.a

189. Trattenimenti

Giovanni Bernardino Nanino

190. Trattenimenti

Giovanni Bernardino Nanino

191. Trattenimenti

Giovanni Bernardino Nanino

INDEX OF COMPOSERS

Antonelli, Abundio, *Se 'n così grav'e dolorosi accenti* (no. 40) 138
Caccini, Francesca, *Pascomi di sospir languendo e debile* (no. 92) 251
Caccini, Giulio, *Dovrò dunque morire* (no. 139) 368
Catalani, Ottavio, *In che misero punto hor qui mi mena* (no. 14) 61
Cenci, Giuseppino, *Ahi com'a un vago sol cortese giro* (no. 101) 293
—— *Amorosa Licori* (no. 10) 40
—— *Anima bella che nel sen ten stai* (no. 17) 71
—— *Deh dolc'anima mia* (no. 33) 124
—— *Dunque Clorida mia per questi prati* (no. 19) 81
—— *Fuggi, fuggi da questo cielo* (no. 156) 396
—— *Io che l'età solea viver nel fango* (no. 15) 66
—— *Leggiadri occhi sereni* (no. 49) 161
—— *Occhi ch'alla mia vita* (Marsolo, *Secondo libro*) (no. 154) 392
—— *Occhi un tempo mia vita* (I:Bc, Q27.4) (no. 153) 391
—— *Perché non togli o Clori* (no. 13) 56
—— *Se 'l dolce sguardo di costei m'ancide* (no. 84) 215
—— *Se perché a voi mi tolga e più non v'ami* (no. 152) 388
—— *Vita della mia vita egl'è pur vero* (no. 155) 394
—— (?), *Più non amo più non ardo* (no. 147) 377
Gagliano, Marco da, *Ecco solinga e delle selve amica* (no. 46) 151
Landi, Stefano, *Amor io ben sapea* (no. 90) 245
—— *Felice che discior tra fiamme ardenti* (no. 82) 209
—— *Io v'amo anima mia* (no. 93) 257
—— *Questa bella guerriera* (no. 94) 260
—— *Questa ch'el cor misura* (no. 81) 206
—— *Se non è cosa in terra* (no. 96) 275
—— *Superbo te ne vai legno fugace* (no. 95) 269
Macchiavelli, Ippolito, *Ama pur ninfa gradita* (no. 1) 1
—— *Dhe Filli vita mia se mai ti punsero* (no. 12) 51
—— *Dolce auretta* (no. 2) 5
—— *Fuggi fuggi dolente mio core* (no. 148) 378
—— *Io pur deggio partire* (no. 25) 106
—— *Quando il ciel vago s'infiora* (no. 11) 48
—— *Solingo augello che piangendo vai* (no. 9) 36
—— *Venuto è pur quel lagrimabil giorno* (no. 7) 25
—— *Vita della mia vita egl'è pur vero* (no. 24) 103
—— or Orazio Michi, *Questa tener angioletta* (no. 118) 331
Marotta, Cesare, *Che più giova mirar occh'infelici* (no. 48) 159

Marotta, Cesare, *Dove, dove ten fuggi anima bella* (no. 21) 91
—— *O dell'ombrosa notte amati orrori* (no. 47) 153
—— *O dell'ombrosa notte amati orrori* (no. 47a) 156
—— *O durezze amarissime d'amore* (no. 22) 94
—— *Può ben fortuna far ch'io m'allontani* (no. 83) 212
—— *Suavissimi lumi al cui splendore* (no. 23) 97
—— *Suavissimi lumi al cui splendore* (no. 23a) 100
—— or Jacopo Peri?, *Tu dormi e 'l dolce sonno* (no. 89) 240
Michi, Orazio, *Empio cor, core ingrato* (no. 163) 416
—— *Perdan quest'occhi il sole* (no. 164) 419
—— *Su l'oriente* (no. 162) 414
Monteverdi, Claudio, *Lasciatemi morire* (no. 20) 85
Mutij, Pellegrino, *Ite dolenti miei sospiri* (no. 158) 401
—— *La mia Clori vezzosa* (no. 161) 407
—— *Mentre che Febo con suoi raggi d'oro* (no. 157) 397
—— *Mille scherzi, e canti belli* (no. 159) 402
—— *Questi spirti gentil* (no. 4) 13
—— *Questi spirti gentil* (alternative version from I:Bc, Q140) (no. 4a) 16
—— *Vaghi rai de cigli ardenti* (no. 160) 405
Nanino, Giovanni Bernardino, *Asenso di 3.a et desenso di 4.a* (no. 169) 427
—— *Asenso di 3.a, e descenso di 4.a* (no. 170) 428
—— *Asenso di 3.a, et desenso di 4.a* and *Desenso di 3.a, et asenso di 4.a* (no. 185) 443
—— *Asenso di 4.a e desenso di 5.a* (no. 173) 431
—— *Asenso di 4.a, et desenso di 5.a* (no. 174) 432
—— *Asenso di 4.a, et desenso di 5.a* and *Desenso di 4.a, et asenso di 5.a* (no. 186) 444
—— *Asenso di 6.a, et desenso di 5.a* (no. 177) 435
—— *Asenso di 6.a, et desenso di 5.a* and *Desenso di 6.a, et asenso di 5.a* (no. 187) 445
—— *Asenso di grado* and *Desenso di grado* (no. 184) 442
—— *Asenso, et desenso di 8.a* (no. 179) 437
—— *Asenso, et desenso di 8.a* and *Desenso, et asenso di 8.a* (no. 188) 446
—— *Desenso di 3.a, et asenso di 4.a* (no. 171) 429
—— *Desenso di 3.a, et asenso di 4.a* (no. 172) 430
—— *Desenso di 4.a, et asenso di 5.a* (no. 175) 433
—— *Desenso di 4.a, et asenso di 5.a* (no. 176) 434
—— *Desenso di 6.a, et asenso di 5.a* (no. 178) 436
—— *Desenso di grado* (no. 167) 425
—— *Desenso di grado* (no. 168) 426
—— *Desenso, et asenso di 8.a* (no. 180) 438
—— *Dhe mira egli cantò spuntar la rosa* (no. 91) 248
—— *Disse costei e gl'occhi su le gote* (no. 150) 383
—— *In asenso di grado* (no. 165) 423
—— *In asenso di grado* (no. 166) 424
—— *O cor sempre dolente* (no. 149) 380

—— *Per cercar terra ignota e pelegrina* (no. 151) 385
—— *Trattenimenti* (no. 181) 439
—— *Trattenimenti* (no. 182) 440
—— *Trattenimenti* (no. 183)* 441
—— *Trattenimenti* (no. 189) 447
—— *Trattenimenti* (no. 190) 448
—— *Trattenimenti* (no. 191) 449
Piccinini, Filippo, *Filli gentile perché fug'ogn'hora* (no. 144) 374
Puliaschi, Giovanni Domenico, *Chi vuol veder il sole* (no. 88) 237
—— *La gloria di colui, che 'l tutto muove* (no. 122) 337
Rontani, Raffaello, *Ch'io t'ami et ami più della mia vita* (no. 41) 141
—— *Non credete ch'io v'ami ahi lasso e ch'io* (no. 43) 145
—— *Tu godi il sol ch'agli occhi miei s'asconde* (no. 44) 147
—— *Voi partite sdegniose* (no. 52) 167

INDEX OF COMPOSITIONS

A sì duri lamenti (no. 78) 196
A sì duri lamenti (alternative version from I:Bc, Q140) (no. 78a) 199
Ahi com'a un vago sol cortese giro (Giuseppino Cenci) (no. 101) 293
Ahi dispietato Amor come consenti (no. 6) 22
Alma afflitta che fai (no. 29) 113
Altro non è 'l mio cor (no. 119) 334
Ama pur ninfa gradita (Ippolito Macchiavelli) (no. 1) 1
Amar donna superba (no. 68) 184
Amarilli crudel, e ria (no. 105) 302
Amiam Fillide amiam ah non rispondi (no. 34) 125
Amor io ben sapea (Stefano Landi) (no. 90) 245
Amorosa Licori (Giuseppino Cenci) (no. 10) 40
Anima bella che nel sen ten stai (Giuseppino Cenci) (no. 17) 71
Arsi et ardo per voi ma nel ardore (no. 58) 174
Arsi un temp'e l'ardore (no. 134) 357
Asenso di 3.a et desenso di 4.a (Giovanni Bernardino Nanino) (no. 169) 427
Asenso di 3.a, e descenso di 4.a (Giovanni Bernardino Nanino) (no. 170) 428
Asenso di 3.a, et desenso di 4.a and *Desenso di 3.a, et asenso di 4.a* (Giovanni Bernardino Nanino) (no. 185) 443
Asenso di 4.a e desenso di 5.a (Giovanni Bernardino Nanino) (no. 173) 431
Asenso di 4.a, et desenso di 5.a (Giovanni Bernardino Nanino) (no. 174) 432
Asenso di 4.a, et desenso di 5.a and *Desenso di 4.a, et asenso di 5.a* (Giovanni Bernardino Nanino) (no. 186) 444
Asenso di 6.a, et desenso di 5.a (Giovanni Bernardino Nanino) (no. 177) 435
Asenso di 6.a, et desenso di 5.a and *Desenso di 6.a, et asenso di 5.a* (Giovanni Bernardino Nanino) (no. 187) 445
Asenso di grado and *Desenso di grado* (Giovanni Bernardino Nanino) (no. 184) 442
Asenso, et desenso di 8.a (Giovanni Bernardino Nanino) (no. 179) 437
Asenso, et desenso di 8.a and *Desenso, et asenso di 8.a* (Giovanni Bernardino Nanino) (no. 188) 446
Aure belle aure vezzose (no. 142) 371
Aure placide volanti (no. 61) 177
Bella Clori non fuggire (no. 65) 181
Bella e vaga Filli vezzosa (no. 77) 194
Ben è ver ch'ei pargoleggia (no. 121) 336
Ben fuggirsi vedran la nev'e 'l gielo (no. 80) 203
Bona sera mastro Taddeo (no. 145) 375
Care lagrime mie (no. 97) 278

Care treccie aura stami (no. 62) 178
Che più giova mirar occh'infelici (Cesare Marotta) (no. 48) 159
Chi d'Amor piang'e sospira (no. 71) 187
Chi vuol veder il sole (Giovanni Domenico Puliaschi) (no. 88) 237
Ch'io t'ami et ami più della mia vita (Raffaello Rontani) (no. 41) 141
Con un dolent'oimè (no. 124) 343
Crud'Amarilli, che col nom'ancora (no. 102) 296
Da queste selve, e questi alpestri monti (no. 129) 349
Deh dolc'anima mia (Giuseppino Cenci) (no. 33) 124
Deh girate (no. 70) 186
Desenso di 3.a, et asenso di 4.a (Giovanni Bernardino Nanino) (no. 171) 429
Desenso di 3.a, et asenso di 4.a (Giovanni Bernardino Nanino) (no. 172) 430
Desenso di 4.a, et asenso di 5.a (Giovanni Bernardino Nanino) (no. 175) 433
Desenso di 4.a, et asenso di 5.a (Giovanni Bernardino Nanino) (no. 176) 434
Desenso di 6.a, et asenso di 5.a (Giovanni Bernardino Nanino) (no. 178) 436
Desenso di grado (Giovanni Bernardino Nanino) (no. 167) 425
Desenso di grado (Giovanni Bernardino Nanino) (no. 168) 426
Desenso, et asenso di 8.a (Giovanni Bernardino Nanino) (no. 180) 438
Destar potess'io pur in quel bel seno (no. 135) 358
Dhe Filli vita mia se mai ti punsero (Ippolito Macchiavelli) (no. 12) 51
Dhe mira egli cantò spuntar la rosa (Giovanni Bernardino Nanino) (no. 91) 248
Dhe mirate luci ingrate (no. 53) 168
Dhe scoprite colorite (no. 141) 370
Dhe vieni Clori (no. 60) 176
Disse costei e gl'occhi su le gote (Giovanni Bernardino Nanino) (no. 150) 383
Dolce auretta (Ippolito Macchiavelli) (no. 2) 5
Dolcissime pupille ond'io mi vivo (no. 16) 69
Dolcissimo usignolo (no. 36) 130
Donna per acquetar vostro desire (no. 32) 122
Doppo un lungo sospiro (no. 39) 137
Dove, dove ten fuggi anima bella (Cesare Marotta) (no. 21) 91
Dovrò dunque morire (Giulio Caccini) (no. 139) 368
D'una guancia alma e ridente (no. 54) 169
Dunque Clorida mia per questi prati (Giuseppino Cenci) (no. 19) 81
Dunque da me ten fuggi ho mio tesoro (no. 28) 112
Ecco che pur al fine (no. 104) 300
Ecco che pur al fine (alternative version from I:Bc, Q140) (no. 104a) 301
Ecco la luce (no. 125) 344
Ecco la primavera (no. 143) 372
Ecco Lidia mia bella (no. 110) 313
Ecco Lidia mia bella (alternative version from *Concerti amorosi*, 1623) (no. 110a) 316
Ecco Silvio colei che 'n odio tanto (no. 137) 362
Ecco solinga e delle selve amica (Marco da Gagliano) (no. 46) 151

Empio cor, core ingrato (Orazio Michi) (no. 163) 416
Falsi sospiri (no. 63) 179
Felice che discior tra fiamme ardenti (Stefano Landi) (no. 82) 209
Felic'era il mio core (no. 59) 175
Ferma, ferma non percotere (no. 67) 183
Filli gentile perché fug'ogn'hora (Filippo Piccinini) (no. 144) 374
Fuggi, fuggi da questo cielo (Giuseppino Cenci) (no. 156) 396
Fuggi fuggi dolente mio core (Ippolito Macchiavelli) (no. 148) 378
Fuggon i giorni (no. 140) 369
Gioite meco (no. 132) 355
Giovinetta vezzosa (no. 136) 361
Ho pur d'or il crin anc'io (no. 55) 170
In asenso di grado (Giovanni Bernardino Nanino) (no. 165) 423
In asenso di grado (Giovanni Bernardino Nanino) (no. 166) 424
In che misero punto hor qui mi mena (Ottavio Catalani) (no. 14) 61
In qual parte del mondo havrò ricetto (no. 117) 330
Infelice colui che s'innamora (no. 87) 234
Io che l'età solea viver nel fango (Giuseppino Cenci) (no. 15) 66
Io piango tu non torni il duol non sciema (no. 26) 109
Io pur deggio partire (Ippolito Macchiavelli) (no. 25) 106
Io son che trovasi (no. 75) 192
Io v'amo anima mia (Stefano Landi) (no. 93) 257
Io vorrei pur morir così mi preme (no. 27) 111
Ite dolenti miei sospiri (Pellegrino Mutij) (no. 158) 401
La furiera de' bei lampi (no. 130) 350
La gloria di colui, che 'l tutto muove (Giovanni Domenico Puliaschi) (no. 122) 337
La mia Clori vezzosa (no. 128) 347
La mia Clori vezzosa (Pellegrino Mutij) (no. 161) 407
La mia Filli crudel spesso mi fugge (no. 113) 322
Lasciatemi morire (Claudio Monteverdi) (no. 20) 85
Lasso perché mi fuggi (no. 120) 335
Leggiadri occhi sereni (Giuseppino Cenci) (no. 49) 161
Lilla, Lilla giovineta (no. 114) 324
Mentre che Febo con suoi raggi d'oro (Pellegrino Mutij) (no. 157) 397
Mie speranze lusinghiere (no. 57) 173
Mille scherzi, e canti belli (no. 159) 402
Non credete ch'io v'ami ahi lasso e ch'io (Raffaello Rontani) (no. 43) 145
O cor sempre dolente (Giovanni Bernardino Nanino) (no. 149) 380
O dell'ombrosa notte amati orrori (Cesare Marotta) (no. 47) 153
O dell'ombrosa notte amati orrori (Cesare Marotta) (no. 47a) 156
O di raggi e di fiammelle (no. 69) 185
O dolcissimi sguardi (no. 115) 326
O durezze amarissime d'amore (Cesare Marotta) (no. 22) 94

O Filli, o Filli queste voci estreme (no. 37) 132
O leggiadri occhi belli, occhi miei cari (no. 109) 310
O quanto sei gentile (no. 31) 120
O tu che fra le selve occulta vivi (no. 45) 149
O voi ch'intorno al lagrimoso canto (no. 108) 307
Occhi belli occhi rei (no. 18) 74
Occhi ch'alla mia vita (Giuseppino Cenci) (no. 154) 392
Occhi meco piangete (no. 3) 9
Occhi piangete (no. 51) 166
Occhi stelle fatali (no. 50) 164
Occhi un tempo mia vita (Giuseppino Cenci) (no. 153) 391
Ove ne vai pastor così doglioso (no. 74) 191
Pace non trovo, e non ho da far guerra (no. 98) 279
Pargoletta vezzosa e ridente (no. 99) 283
Pascomi di sospir languendo e debile (Francesca Caccini) (no. 92) 251
Pastorella che sì bella (no. 116) 329
Per cercar terra ignota e pelegrina (Giovanni Bernardino Nanino) (no. 151) 385
Per te mi struggo sol, sol per te moro (no. 138) 365
Perché mi fuggi (no. 126) 345
Perché non togli o Clori (Giuseppino Cenci) (no. 13) 56
Perché sei bella (no. 131) 354
Perdan quest'occhi il sole (Orazio Michi) (no. 164) 419
Più non amo più non ardo (no. 112) 320
Più non amo più non ardo (Giuseppino Cenci?) (no. 147) 377
Più non sento del tuo dardo (no. 76) 193
Porto celato il mio nobil pensiero (no. 5) 19
Può ben fortuna far ch'io m'allontani (Cesare Marotta) (no. 83) 212
Quando il ciel vago s'infiora (Ippolito Macchiavelli) (no. 11) 48
Quel augellin che canta (no. 35) 128
Quella bell'Amor che sospirar mi fa (no. 133) 356
Questa bella guerriera (Stefano Landi) (no. 94) 260
Questa bell'Amor (no. 56) 171
Questa ch'el cor misura (Stefano Landi) (no. 81) 206
Questa piaga mi sia sempre nel core (no. 111) 318
Questa tener angioletta (Ippolito Macchiavelli or Orazio Michi) (no. 118) 331
Questi spirti gentil (Pellegrino Mutij) (no. 4) 13
Questi spirti gentil (alternative version from I:Bc, Q140) (Pellegrino Mutij) (no. 4a) 16
Rompa lo sdegno le dure catene (no. 72) 188
Rompa lo sdegno le dure catene (alternative version from *Concerti amorosi*, 1623) (no. 72a) 189
S'alcun vi giura cortes'amante (no. 66) 182
Se 'l dolce sguardo di costei m'ancide (Giuseppino Cenci) (no. 84) 215

Se 'n così grav'e dolorosi accenti (Abundio Antonelli) (no. 40) 138
Se non è cosa in terra (Stefano Landi) (no. 96) 275
Se non hai di ferro il core (no. 100) 287
Se non hai di ferro il core (alternative version from *Concerti amorosi*, 1623) (no. 100a) 291
Se perché a voi mi tolga e più non v'ami (Giuseppino Cenci) (no. 152) 388
Se pietad'in voi non trovasi (no. 64) 180
Solingo augello che piangendo vai (Ippolito Macchiavelli) (no. 9) 36
Somiglia foglia a cui fa guerra il vento (no. 8) 31
Son questi miei sospir messaggi ardenti (no. 42) 143
Splendete sereni (no. 146) 376
Su l'oriente (from I:Rcas, MS 2490) (Orazio Michi) (no. 162) 414
Suavissimi lumi al cui splendore (Cesare Marotta) (no. 23) 97
Suavissimi lumi al cui splendore (Cesare Marotta) (no. 23a) 100
Temer donna non dei (no. 30) 115
Temer donna non dei (no. 30a) 117
Tempo ben fu (no. 106) 304
Trattenimenti (Giovanni Bernardino Nanino) (no. 181) 439
Trattenimenti (Giovanni Bernardino Nanino) (no. 182) 440
Trattenimenti (Giovanni Bernardino Nanino) (no. 183) 441
Trattenimenti (Giovanni Bernardino Nanino) (no. 189) 447
Trattenimenti (Giovanni Bernardino Nanino) (no. 190) 448
Trattenimenti (Giovanni Bernardino Nanino) (no. 191) 449
Tu dormi e 'l dolce sonno (Cesare Marotta) (no. 89) 240
Tu godi il sol ch'agli occhi miei s'asconde (Raffaello Rontani) (no. 44) 147
Tu parti anima mia (no. 86) 228
Tu torni anima mia (no. 38) 134
Udite amanti udite (no. 85) 218
Vaga e lucente (no. 107) 305
Vaga e lucente (alternative version from I:Bc, Q140) (no. 107a) 306
Vaghi rai de cigli ardenti (Pellegrino Mutij) (no. 160) 405
Venuto è pur quel lagrimabil giorno (Ippolito Macchiavelli) (no. 7) 25
Vezzosett'e bella Clori (no. 127) 346
Vidi ondegiar questi infecondi campi (no. 123) 340
Vita della mia vita egl'è pur vero (Giuseppino Cenci) (no. 155) 394
Vita della mia vita egl'è pur vero (Ippolito Macchiavelli) (no. 24) 103
Voi mi dite ch'io non v'ami (no. 73) 190
Voi partite sdegniose (Raffaello Rontani) (no. 52) 167
Voi pur mi promettesti occhi sereni (no. 79) 200
Vorrei baciarti, o Filli (no. 103) 298